LES PETITS PAS NE SUFFISENT PAS !

Dépôt légal : mars 2021
Numéro d'édition : RU16057 (R21093-02)
ISBN : 978-2-8153-1605-7
www.rusticaeditions.com

Nicolas Hulot

Muriel Douru

LES PETITS PAS NE SUFFISENT PAS !

Rustica éditions

Merci,

à Nicolas pour sa confiance, ses réflexions et la grande liberté d'écriture qu'il m'a offerte,

à Chloé, Élisabeth et Julie des éditions Rustica pour m'avoir proposé ce beau projet,

à Maxime De Rostolan, Marc Dufumier, Pierre Larrouturou, Hélène Le Teno et Dominique Bourg pour m'avoir confié leurs souvenirs ou aidé dans mes recherches,

à ma femme et ma fille de m'offrir un cocon.

Un immense merci à tou.te.s celles et ceux qui luttent activement contre le rouleau compresseur.

Muriel Douru

Préface

Qu'elle était douce, cette période d'insouciance et de légèreté ! Ce temps d'ignorance où la lucidité n'était pas de mise. Où la réalité était ce qu'on décidait de croire et non ce qui était. Ces années conditionnées par une noria de préjugés ou d'ignorances, où l'on pensait que dans l'univers, la vie était la norme, que sur Terre l'abondance l'était aussi. Cette conviction que la Nature était un système rodé, invulnérable, immuable et corvéable auquel nous étions étrangers. Que le sauvage et la beauté étaient là à notre seule convenance. Que le progrès était un acquis et une dynamique irréversible, le couple science et technologie l'espoir du monde, l'avenir une promesse de mieux-être et, suprême forfanterie, que le modèle de civilisation occidental était l'universel, et tous les autres le singulier.

Qu'elle est brutale la fin des illusions, quand se dévoile la réalité sans filtres ! Quand, au fil du temps, l'on découvre notre propre vulnérabilité et que l'Homme peut être un loup pour l'Homme. Que l'humanité aveuglée par ses prouesses fait sécession avec le tissu du vivant et devient chaque jour un peu plus une force de destruction massive. Quand le regard se précise ou s'élargit et ne s'accommode plus de la réalité en la tordant parfois. Quand derrière l'émotion émerge, pas à pas, la conscience.

L'émerveillement est le premier pas vers le respect, n'ai-je cessé de clamer, et un premier indice de conscience. En comblant et flattant nos sens, la beauté infinie de la Nature les éveille, les exerce et pour finir les rend apte à capter le monde dans sa vérité et sa complexité. Les années Ushuaïa ont été le prodigieux catalyseur d'un chemin de conscience jamais abouti, lui-même initiateur d'un engagement jamais comblé.

Nourrie, guidée par des expériences multiples, inspirée de femmes et d'hommes d'exception confrontés à une palette de situations, ma conscience écologique évolue de jour en jour. Elle me construit, m'anime, donne du sens à ma vie, comme ce récit en témoigne. Elle m'oblige à évoluer en pointant du doigt au quotidien mes imperfections et mes incohérences.

Depuis plus de 30 ans, avec ma fondation (Fondation Nicolas Hulot pour la Nature et l'Homme), nous mobilisons, nous proposons, nous alertons, nous soutenons, nous rassemblons. Un engagement au long cours, parfois usant, tant l'inertie est forte et l'enjeu colossal. Heureusement, sur la route de l'engagement, on croise de belles personnes. Muriel Douru est l'une de ces rencontres. Elle pose sur notre monde un regard exigeant et lucide, qu'elle exprime avec talent dans ses BD. En nous associant dans cet ouvrage, et grâce à la sensibilité et à la créativité de Muriel, nous avons voulu croiser nos parcours de vie, nos indignations, nos émerveillements et acter nos convergences concernant l'espoir et le désespoir qui nous animent.

Nicolas Hulot,

Septembre 2020.

Nicolas Hulot

Né en 1955, Nicolas Hulot est d'abord photographe d'investigation avant de devenir journaliste. Il débute sur France Inter puis se fait connaître du grand public en présentant l'émission *Ushuaïa, le magazine de l'extrême*, puis *Ushuaïa nature* de 1998 à 2012, avec laquelle il s'inscrira durablement dans les esprits. Marqué par ses voyages et expériences à travers la planète, il s'engage dans la défense de l'environnement et cherche à sensibiliser le public sur les grandes questions écologiques.

En 1990, il crée la Fondation Ushuaïa qui deviendra en 1995 la Fondation Nicolas Hulot pour la Nature et l'Homme. Par cette fondation, il invite le public à s'informer et à s'investir en faveur de l'environnement, à travers des campagnes d'information sur les gestes quotidiens les plus respectueux et par le biais de nombreux projets de défense de la nature.

Désireux de porter plus loin ses convictions écologiques, Nicolas Hulot s'investit en politique. En 2007, il renonce à se présenter à l'élection présidentielle en échange de nombreuses signatures de son Pacte écologique. En 2011, il se présente à la primaire présidentielle en tant que candidat écologiste, sans succès. Il refusera ensuite à plusieurs reprises le ministère de l'Écologie, proposé par les présidents Jacques Chirac et François Hollande. En 2013, sous la présidence de ce dernier, il devient envoyé spécial chargé de la protection de la planète et pendant trois ans, il contribue entre autres à la préparation de la COP 21 à Paris.

Il accepte finalement le poste de ministre de la Transition écologique et solidaire en 2017, sous la présidence d'Emmanuel Macron, mais le quitte quinze mois plus tard, déçu par les mesures prises et le manque de prise en compte de ses propositions.

C'est en 2016 que Nicolas Hulot rencontre Muriel Douru. Touché par son travail et ses convictions pour la préservation de l'environnement et la cause animale, il lui propose de s'associer autour d'un projet graphique innovant et d'appeler ensemble à l'éveil des consciences.

Retrouvez la Fondation Nicolas Hulot pour la Nature et l'Homme sur
www.fondation-nature-homme.org

Muriel Douru

Née en 1976, Muriel Douru est diplômée de l'école supérieure des Arts appliqués Duperré de Paris. D'abord spécialisée dans l'illustration textile, la papeterie et l'édition, elle se tourne ensuite vers l'écriture. Dès 2003, elle publie plusieurs contes pour enfants, traitant d'homoparentalité, dont *Dis... MamanS*, l'un des tout premiers livres de la littérature jeunesse parus en France sur ce sujet. Sa première bande dessinée pour adulte sort en 2016 : *Beyond the Lipstick, chroniques d'un coming out* est un roman graphique autobiographique qui parle d'homosexualité, de féminisme et de procréation médicalement assistée (PMA).

Végétarienne depuis l'an 2000, formée à la permaculture, Muriel Douru s'investit pour les causes écologiques et animales, qu'elle défend vivement à travers ses publications. Elle se fait connaître comme autrice engagée grâce au blog illustré qu'elle débute en 2013 et qui sera relayé par le *Huffington Post*, avant de devenir un roman graphique, *Chroniques d'une citoyenne ordinaire engagée*, en 2017. Ce livre se présente sous la forme d'un recueil de réflexions sur des sujets comme l'environnement, la cause animale, la défense des minorités sexuelles... Il recevra le prix Out d'Or dans la catégorie « dessin engagé », l'année suivante. En 2019, elle publie *Putain de vies !*, un roman graphique réalisé en collaboration avec l'association Médecins du Monde, qui, sous la forme d'une enquête, raconte les parcours de vie des travailleur.euse.s du sexe et qui témoigne de la condition des femmes dans le monde, des migrations, des inégalités sociales et de la transidentité.

Désireuse d'aller jusqu'au bout de son engagement, elle s'associe en 2020 avec Nicolas Hulot, rencontré en 2016. Nourrie par son témoignage et le récit de ses expériences, elle écrit et illustre cet ouvrage pour dénoncer les dérives écologiques, éveiller les consciences, soutenir leur combat commun et leurs espoirs en faveur d'un monde plus respectueux.

Retrouvez Muriel Douru sur les réseaux sociaux et sur www.murieldouru.fr

PARIS, UN JOUR DE 2012.

IL Y A 13,5 MILLIARDS D'ANNÉES, LE BIG BANG FAISAIT JAILLIR L'ESPACE ET LE TEMPS.
IL Y A 4,5 MILLIARDS D'ANNÉES, DES AMAS ET COMPRESSIONS DE MATIÈRES FAISAIENT NAÎTRE DES PLANÈTES AUTOUR D'UN NUAGE D'ÉNERGIE, LE SOLEIL. PARMI CES PLANÈTES, LA TERRE.
TRENTE MILLIONS D'ANNÉES FURENT NÉCESSAIRES À SA FORMATION.

LA VIE DANS L'UNIVERS N'EST PAS LA NORME MAIS L'EXCEPTION ET LA TERRE EST, À CE JOUR DE NOS CONNAISSANCES, LE SEUL THÉÂTRE OÙ ELLE SE JOUE. UNE OASIS INESPÉRÉE, DANS UNE NÉBULEUSE D'ÉTOILES, ENTOURÉE DE MILLIERS DE MILLIARDS DE GALAXIES.

SI NOUS RÉSUMONS L'HISTOIRE DE NOTRE PLANÈTE EN UNE SEULE JOURNÉE DE VINGT-QUATRE HEURES, L'ÊTRE HUMAIN N'EST APPARU QUE DANS LES CINQ DERNIÈRES SECONDES ET L'ÈRE INDUSTRIELLE, DÉCOR DE NOS VIES QUOTIDIENNES, N'ÉMERGE QUE DANS LES DEUX DERNIERS MILLIÈMES DE SECONDE !

ÊTRE UNE POUSSIÈRE DANS LE TEMPS DEVRAIT NOUS OBLIGER À UN PEU D'HUMILITÉ. POURTANT, NOTRE INCLINATION À LA DOMINATION ET À L'EXPLOITATION DE LA NATURE A DÉRÉGLÉ, EN UN SIÈCLE, UN SYSTÈME ÉCOLOGIQUE STABLE DEPUIS 800 000 ANS.

PENDANT DEUX MILLIONS D'ANNÉES, LA VIE DE NOS ANCÊTRES, QUI SE BATTAIENT CONTRE PLUS FORT QU'EUX, A ÉTÉ RUDE.

SITUÉS AU MILIEU DE LA CHAÎNE ALIMENTAIRE, IL NOUS ARRIVAIT DE TERMINER LES PROIES DES ANIMAUX LES PLUS FÉROCES...

... QUAND NOUS N'ÉTIONS PAS LEURS PROIES DIRECTEMENT.

PARCE QUE NOUS ÉTIONS LA SEULE ESPÈCE À AVOIR MAÎTRISÉ LE FEU, L'ÉVOLUTION A FAIT DE NOUS DES SAPIENS ET NOS FRÈRES ET SŒURS DU GENRE HOMO ONT DISPARU, NOUS LAISSANT TOUTE LA PLACE.

LA CONQUÊTE DU MONDE POUVAIT COMMENCER ET, AVEC ELLE, LE GRAND ANÉANTISSEMENT DU VIVANT.

BIEN QUE LA TERRE AIT DONNÉ NAISSANCE À UNE DIVERSITÉ INCROYABLE D'ÊTRES VIVANTS...

... AUJOURD'HUI, DU FAIT DE NOTRE PRÉDATION DES ESPACES DE VIE, DE LA SUREXPLOITATION DES RESSOURCES ET DES POLLUTIONS INHÉRENTES À NOTRE CIVILISATION, UNE ESPÈCE ANIMALE OU VÉGÉTALE DISPARAÎT TOUTES LES 20 MINUTES. CERTAINES, MÊME LES PLUS FAMILIÈRES COMME LA GIRAFE, PEUPLENT LES LIVRES DE NOS ENFANTS ALORS QU'ELLES SONT PROCHES DE L'EXTINCTION.

CEPENDANT, NOUS N'AVONS PAS ATTENDU L'ÈRE MODERNE POUR DÉZINGUER LES ÊTRES VIVANTS ET NOUS INSTALLER À LEUR PLACE. IL Y A 45 000 ANS, QUAND NOUS AVONS MIS LE PIED EN AUSTRALIE POUR LA PREMIÈRE FOIS, LE CONTINENT ÉTAIT RICHE D'UNE MÉGAFAUNE EXCEPTIONNELLE : PARESSEUX GÉANTS, KANGOUROUS DE DEUX MÈTRES DE HAUT, LÉZARDS, DRAGONS OU SERPENTS DE CINQ MÈTRES DE LONG... AVAIENT SURVÉCU PENDANT DES MILLIONS D'ANNÉES...

... MAIS, ILS N'ONT PAS RÉSISTÉ À L'ARRIVÉE DES HUMAINS SUR LEUR TERRITOIRE.

IDEM À MADAGASCAR, EN NOUVELLE-ZÉLANDE ET EN AMÉRIQUE OÙ, VOILÀ 14 000 ANS, DONC BIEN AVANT LE DÉBARQUEMENT DE CHRISTOPHE COLOMB ET LE GÉNOCIDE DES PEUPLES AUTOCHTONES ET DES ESPÈCES SAUVAGES QUI S'ENSUIVIT, LES SAPIENS ONT EXTERMINÉ DES ANIMAUX FASCINANTS DONT LA PLUPART DES GENS D'AUJOURD'HUI IGNORENT QU'ILS ONT ÉTÉ, À UN MOMENT DE NOTRE HISTOIRE, NOS CONTEMPORAINS.

LA DERNIÈRE EXTINCTION MASSIVE D'ORIGINE NATURELLE, CELLE DES DINOSAURES, EUT LIEU IL Y A 65 MILLIONS D'ANNÉES ET NOUS N'Y SOMMES POUR RIEN.

PEUT-ÊTRE PARCE QUE NOUS N'EXISTIONS PAS ENCORE !
CES MASTODONTES AURAIENT-ILS SURVÉCU 165 MILLIONS D'ANNÉES S'ILS AVAIENT COHABITÉ AVEC NOS AÏEUX ?

DEPUIS QUE SAPIENS S'EST ACCAPARÉ LA PLANÈTE, UNE SIXIÈME EXTINCTION EST EN COURS, FULGURANTE À L'ÉCHELLE DU TEMPS GÉOLOGIQUE. CERTAINES ESPÈCES DISPARUES SONT PRÉSENTES DANS NOTRE IMAGINAIRE…

… MAIS D'AUTRES SE SONT ÉTEINTES SANS FAIRE DE BRUIT NI LAISSER DE TRACES DANS NOS RÉCITS.

PHOQUE MOINE † 2008
LOUP DES MALOUINES † 1876
PO-O-ULI MASQUÉ † 2004
NOIR † 2011
TIGRE DE JAVA † 1994
PETIT BIBLI † 1950
TORTUE GÉANTE † 2012
BOUQUETIN DES PYRÉNÉES † 2000

ET LE PROCESSUS S'ACCÉLÈRE PUISQU'AVEC NOTRE DÉVELOPPEMENT IRRAISONNÉ, UN MILLION D'ESPÈCES ANIMALES ET VÉGÉTALES SONT MENACÉES À COURT TERME.

NOUS AVONS UNE COMMUNAUTÉ D'ORIGINE ET UNE CONTINUITÉ DE DESTIN AVEC LE VIVANT MAIS, PARCE QUE NOUS NOUS SOMMES HISSÉS TOUT EN HAUT DE LA PYRAMIDE, TANT D'UN POINT DE VUE ÉTHIQUE QUE TECHNOLOGIQUE, NOUS L'AVONS OUBLIÉ.
LA PUISSANCE MATÉRIELLE D'UNE PARTIE DE L'HUMANITÉ, LA PLUS PRIVILÉGIÉE, EST TELLE QUE DES CHERCHEURS L'ENVISAGENT DÉSORMAIS COMME UNE FORCE GÉOLOGIQUE CAPABLE DE MODIFIER LE SYSTÈME TERRE. CERTAINS ACTENT LE DÉBUT DE CETTE NOUVELLE ÈRE, L'ANTHROPOCÈNE, AU 16 JUILLET 1945 QUAND, AVEC LE PREMIER ESSAI NUCLÉAIRE AUX ÉTATS-UNIS, LES HOMMES SE SONT RETROUVÉS EN (DÉ)MESURE DE S'AUTODÉTRUIRE.

AUPARAVANT, ET PENDANT DES MILLÉNAIRES, NOUS AVONS ÉTÉ CONTRAINTS PAR LA NATURE ET RESTREINTS PAR ELLE, MAIS LA DÉCOUVERTE DES ÉNERGIES FOSSILES (PÉTROLE, GAZ, CHARBON), ET LEUR EXTRACTION INTENSIVE AU DÉBUT DU XIXE SIÈCLE, NOUS ONT PERMIS, PAR LEUR COMBUSTION, DE DÉPLOYER UNE FORCE BIEN SUPÉRIEURE À NOS CAPACITÉS PHYSIQUES INITIALES.

LA RUÉE VERS LES VILLES EST TRÈS RÉCENTE À L'ÉCHELLE DE NOTRE DESTINÉE, PUISQU'ELLE NE DATE QUE DES ANNÉES 1930. POURTANT QUI SE SOUVIENT DE LA VIE SAUVAGE DANS NOS MÉGALOPOLES ?

BURGER QUEEN
ua
NEW WORLD
4days
39$
757
Comme le dit Edgar Morin, nous sommes technologiquement époustouflants, mais culturellement affligeants !
NICOLAS À TOKYO

NOUS VIVONS DÉSORMAIS « HORS SOL », DANS DES DÉCORS URBAINS...
Déjà 18h30 ! Il faut absolument que j'aille faire des courses...
... QUI OCCULTENT COMPLÈTEMENT L'ENVIRONNEMENT.
SUPERMARCHÉ
Zut, j'ai encore oublié de réserver le gîte pour cet été !
ET NOS ESPRITS, CONSTAMMENT TRACASSÉS PAR LES « CHOSES À FAIRE »,...
Je dois aussi penser à prendre rendez-vous chez le dentiste pour Émile.
... SONT DÉSORMAIS AMPUTÉS DE NOTRE SENTIMENT D'APPARTENANCE À LA NATURE.

BIEN SOUVENT, LA NATURE NE REVIENT À NOTRE CONSCIENCE QUE PENDANT LES VACANCES OU À TRAVERS UN ÉCRAN.

Au fil des reportages, derrière la beauté du monde, j'ai vu une autre réalité, et, chemin faisant, à travers tous ces territoires sur lesquels les menaces convergeaient, j'ai compris que dans cette destruction des écosystèmes, l'homme était en train de compromettre son propre avenir. Alors, j'ai pris la mesure de la catastrophe.

TOUR DE TF1, PARIS, 1990.

Les spectateurs ne sont pas des idiots ! Je suis certain que je peux leur faire découvrir qu'au-delà de sa beauté, notre planète est en danger !
Tu vas les emmerder, c'est tout.
Non ! Je vais te prouver que je peux rencontrer les Zo'é ou inviter un botaniste sans faire fuir le public !
Je vais placer quelqu'un en salle de montage après chaque tournage, pour vérifier ce que vous trafiquez, c'est tout ce que tu vas y gagner !
Bye, l'écolo de service !
Je ne suis pas intervenu lors de votre dernière engueulade parce que j'avais peur de me prendre une balle perdue ! Mais, contre toute attente, ton émission au Groenland a réuni 10 millions de téléspectateurs donc je pense que tu devrais avoir la paix désormais.
café

NICOLAS EST NÉ EN 1955, AU DÉBUT DE CE QUE LES CLIMATOLOGUES APPELLENT « LA GRANDE ACCÉLÉRATION » POUR DÉCRIRE LE SPECTACULAIRE DÉVELOPPEMENT SOCIO-ÉCONOMIQUE DE L'HUMANITÉ QUI A COMMENCÉ APRÈS LA SECONDE GUERRE MONDIALE, ET QUI A PARFAITEMENT COÏNCIDÉ AVEC L'ALTÉRATION ACCÉLÉRÉE DES ÉCOSYSTÈMES.

MÊME ENDROIT, DIX ANS PLUS TARD.

BORA-BORA, POLYNÉSIE FRANÇAISE, 1990.
Tu sais Nicolas, ce qui m'inquiète, c'est la pensée que l'homme est capable de s'habituer aux pires conditions de vie. Il pourra trouver parfaitement normal, d'ici un siècle, de vivre prostré dans quelques bunkers, avec des masques, de l'air artificiel... Il ne saura même plus que l'on vivait autrement.
Que restera t-il, alors, de l'homme ?
PAUL-ÉMILE VICTOR, XPLORATEUR DES PÔLES, SCIENTIFIQUE, ETHNOLOGUE ET ÉCRIVAIN FRANÇAIS (1907-1995).

EN UN SIÈCLE, NOUS SOMMES DEVENUS LES MAÎTRES DU MONDE. NOUS AVONS ESCALADÉ LES MONTAGNES, MIS LE PIED SUR LA LUNE, NOUS SOMMES DESCENDUS PROFONDÉMENT DANS LES OCÉANS, NOUS AVONS SCINDÉ L'ATOME ET DÉCOUVERT LES MICROBES. NOUS SOMMES ALLÉS DE PROGRÈS TECHNIQUES ÉTONNANTS EN DÉCOUVERTES FABULEUSES...

*LA FONDATION NICOLAS HULOT POUR LA NATURE ET L'HOMME, INITIALEMENT « FONDATION USHUAÏA », FUT CRÉÉE LE 15 DÉCEMBRE 1990 SOUS L'ÉGIDE D'UN COMITÉ SCIENTIFIQUE RÉUNISSANT PAUL-ÉMILE VICTOR, THÉODORE MONOD, JEAN DORST, YVES COPPENS, JEAN-LOUP CHRÉTIEN...

… SANS NOUS APERCEVOIR QUE NOTRE PROSPÉRITÉ PROVOQUAIT LA FONTE DES CALOTTES GLACIAIRES ET IMPACTAIT DUREMENT LES ÊTRES VIVANTS.

SON ESTOMAC CONTENAIT 6 KILOS DE PLASTIQUE DONT :

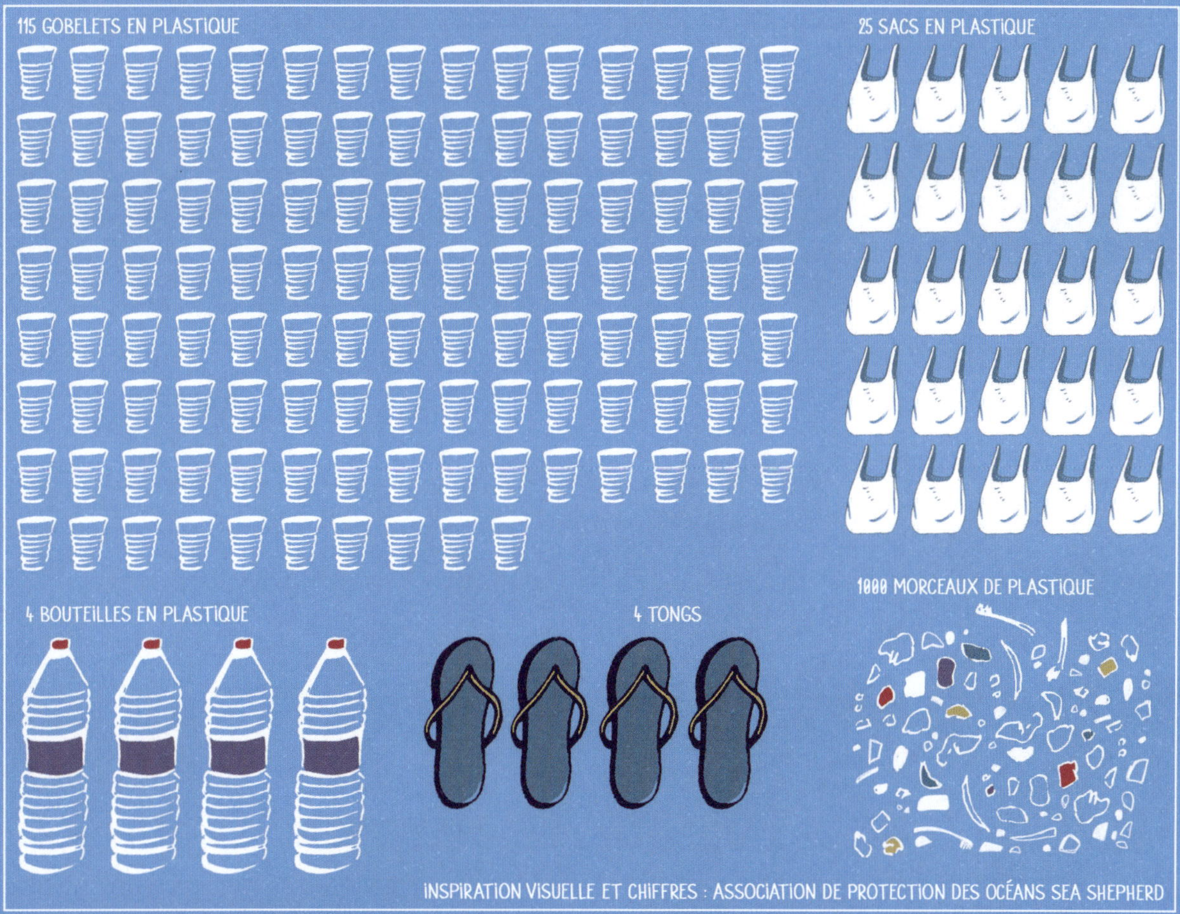

L'AMÉLIORATION DE NOTRE CONFORT DE VIE, À NOUS LES OCCIDENTAUX, S'EST FAITE, ET SE FAIT TOUJOURS AU PRÉJUDICE DE NOTRE PATRIMOINE COMMUN, DES ESPÈCES ANIMALES, DES GÉNÉRATIONS FUTURES ET DES PLUS PAUVRES. CAR SI NOUS POUVONS NOUS PERMETTRE DE GÂCHER LES RESSOURCES ET D'ÉMETTRE AUTANT DE GAZ À EFFET DE SERRE, C'EST PARCE QUE LA MISÈRE EMPÊCHE UNE PARTIE DE LA POPULATION HUMAINE D'EN FAIRE AUTANT.

José,
sors la trousse
à pharmacie,
s'il te plaît !
À quoi
servent tous ces
médicaments ?
Il y a un peu de tout :
du désinfectant, des pansements,
des pommades et des traitements
contre les virus présents
en Afrique.
Donc vous avez des
médicaments pour soigner
des maladies d'ici que
nous n'avons pas
nous-mêmes ?
Oui.
Quand les exclus ont vue
sur les inclus, on ajoute
à l'exclusion un élément
explosif qui est
l'humiliation.

LE DÉRÈGLEMENT CLIMATIQUE EST LA CONSÉQUENCE D'UN PHÉNOMÈNE QUE LES PAYS DU SUD N'ONT PAS PROVOQUÉ, QUI EST LUI-MÊME LA CONSÉQUENCE D'UN MODE DE DÉVELOPPEMENT DONT ILS N'ONT PAS PROFITÉ, ET QUI S'EST BIEN SOUVENT FAIT À LEUR DÉTRIMENT.

Nous venons en amis, nous sommes des journalistes français.
?
Paf
Paf
Paf
Paf
Paf
Paf
Paf
Bonjour, comment t'appelles-tu ?
Joro, monsieur.

Quel âge as-tu, Joro ?
11 ans, monsieur.
Pourquoi es-tu ici ?
Je cherche des diamants pour les vendre. Ma mère et mon grand frère travaillent aussi dans la mine et si on gagne un peu d'argent, nous pourrons acheter du riz pour manger ce soir.
Et l'école ?
L'école... j'aimerais y aller pour devenir policier, mais je ne peux pas. Je dois travailler pour aider ma famille.

Dans nos sociétés bien-pensantes, on laisse croire que c'est le Nord qui a financé le Sud, alors que c'est le contraire. Quand on voit ce que le Nord doit au Sud en termes de matières premières, de ressources, de main-d'œuvre…
Le schéma est toujours le même : les grandes multinationales repèrent dans les pays du Sud des gisements de matières premières, elles donnent de quoi construire un hôpital ou un aéroport en contrepartie des concessions d'exploitation et elles repartent avec 97 % des richesses. Les 3 % allant directement dans la poche de personnalités locales corrompues !
C'est le néocolonialisme dans toute son horreur.

SANS IGNORER LES PROGRÈS DE LA MÉDECINE, LES ÉVOLUTIONS SOCIÉTALES ET LA PAIX MAINTENUE DANS UNE LARGE PARTIE DU MONDE DEPUIS PLUS D'UNE GÉNÉRATION (AVEC LA MENACE D'UNE GUERRE NUCLÉAIRE QUI SE TRANSFORMERAIT EN SUICIDE COLLECTIF), ON NE SAURAIT GLORIFIER NOTRE MODE DE VIE D'ICI, SANS RECONNAÎTRE SES EFFETS DÉLÉTÈRES AILLEURS (POLLUTIONS, EXPLOITATIONS, GUERRES). SI LA CHINE EST DEVENUE LE PAYS LE PLUS POLLUEUR DU MONDE, C'EST PARCE QU'ELLE S'EST TRANSFORMÉE EN USINE INTERNATIONALE QUI FABRIQUE, SUR SON SOL, CE QUE NOUS NE FABRIQUONS PLUS SUR LE NÔTRE.

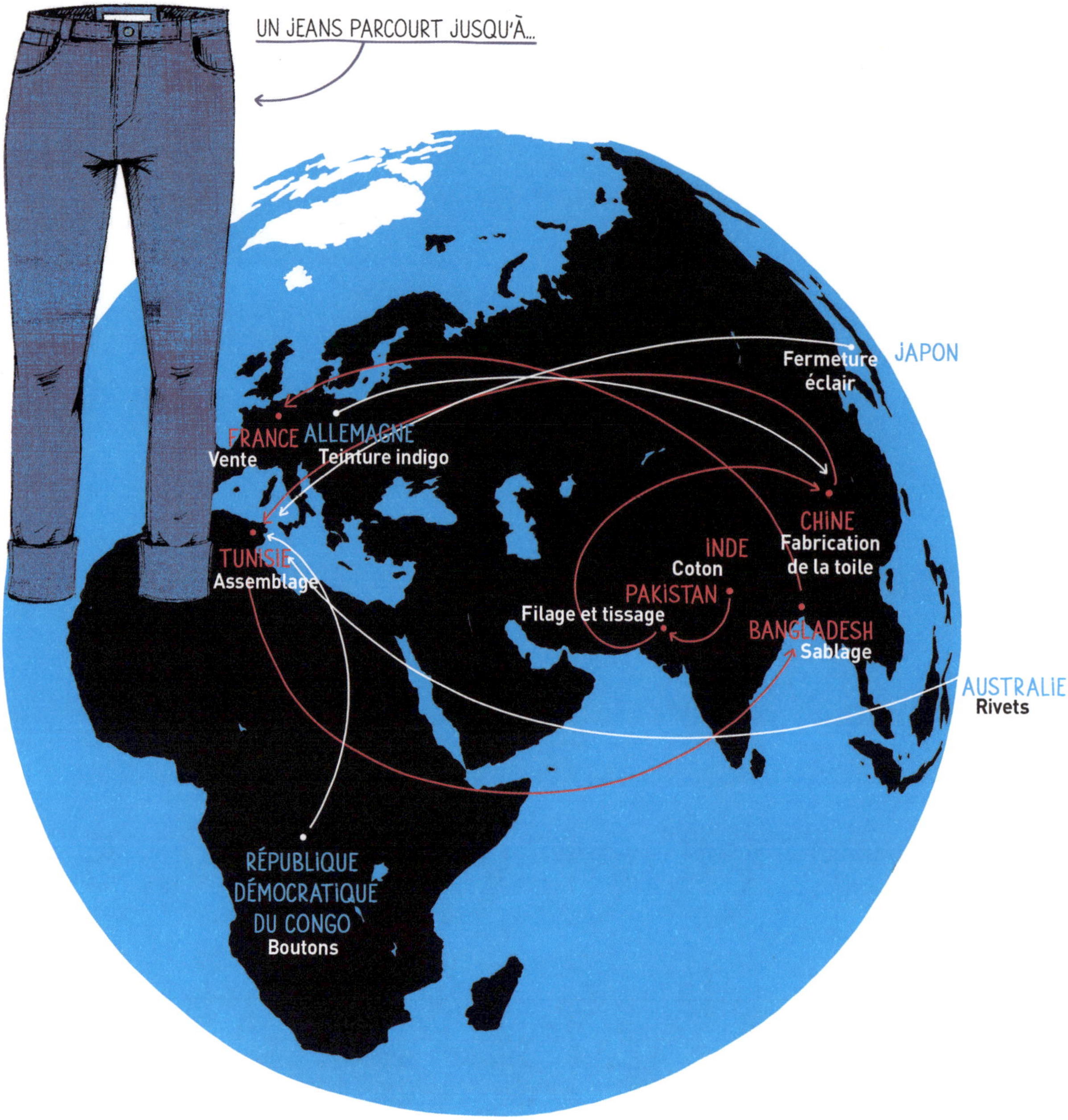

65 000 kilomètres !

... AVANT D'ATTERRIR DANS NOTRE PENDERIE, AU MILIEU D'UNE DIZAINE D'AUTRES.

LA TERRE, CE BIJOU QUI SUFFOQUE, NE POURRAIT MATÉRIELLEMENT PAS SUPPORTER LE NIVEAU DE VIE OCCIDENTAL S'IL SE GÉNÉRALISAIT AUX PLUS DE 7 MILLIARDS 600 000 PERSONNES QUI VIVENT SUR SON SOL.

Nombre de planètes nécessaires si tout le monde vivait comme...

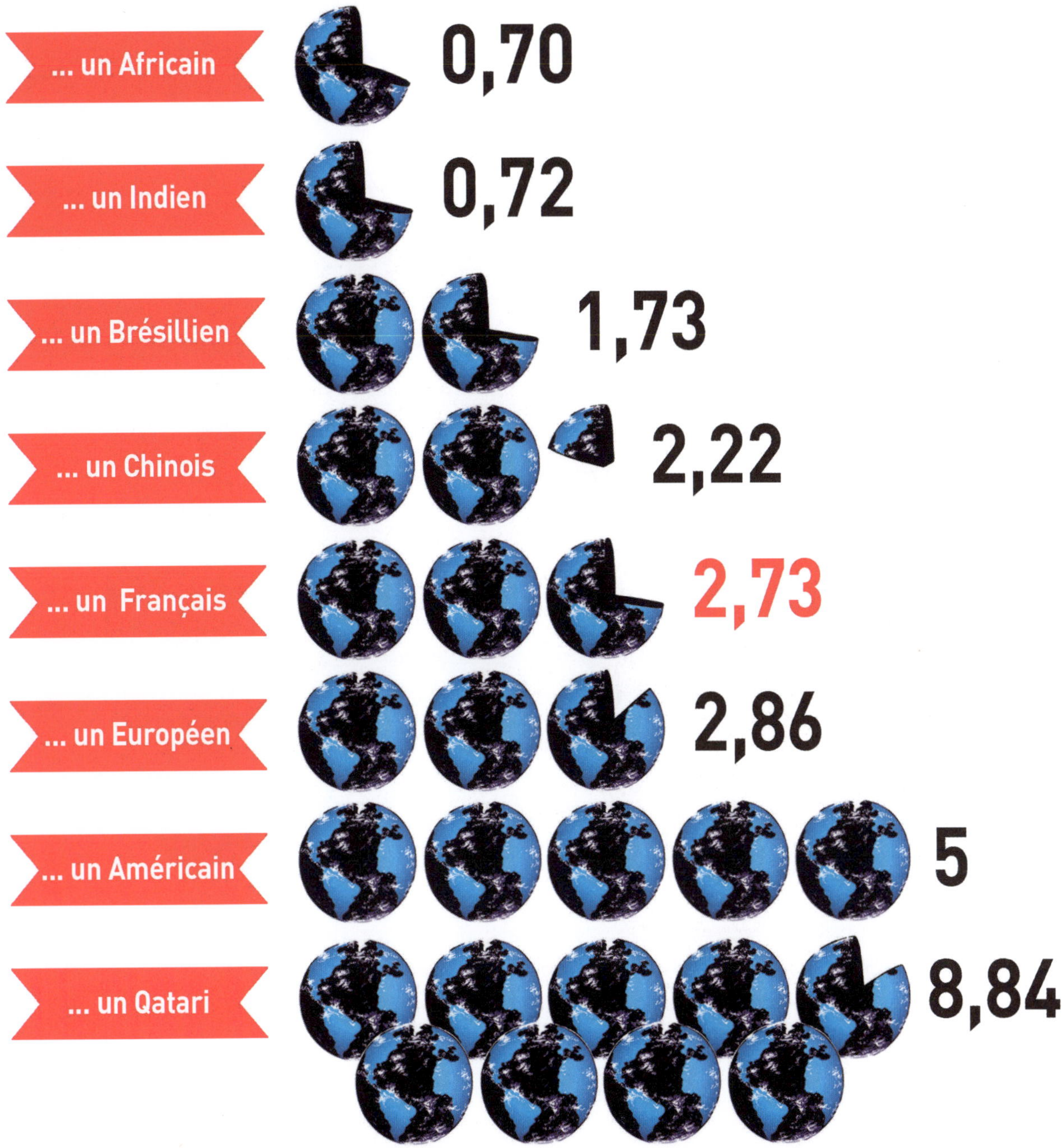

HEUREUSEMENT, ON VA BIENTÔT COLONISER MARS !

INSPIRATION VISUELLE ET CHIFFRES : GLOBAL FOOTPRINT NETWORK®

AUJOURD'HUI, CHAQUE FRANÇAIS DISPOSE DE 400 À 500 « ESCLAVES ÉNERGÉTIQUES » GRÂCE AUX COMBUSTIBLES FOSSILISÉS, CE QUI SIGNIFIE QUE LA TERRE FOURNIT À CHACUN DE NOUS QUOTIDIENNEMENT, ET GRATUITEMENT, L'ÉQUIVALENT DE LA FORCE DE TRAVAIL DE 400 À 500 PERSONNES EN BONNE SANTÉ. 5 MILLIONS D'ANNÉES LUI ONT ÉTÉ NÉCESSAIRES POUR CRÉER LES ÉNERGIES FOSSILES, NON RENOUVELABLES, QUE NOUS BRÛLONS EN UNE SEULE ANNÉE.
Le monde s'est connecté mais ne s'est pas relié.
12

PLUS NOUS SOMMES MONTÉS EN PUISSANCE COLLECTIVEMENT, PLUS NOUS AVONS PERDU EN AUTONOMIE INDIVIDUELLEMENT. AU XIXE SIÈCLE, LE « MÉTIER » EST DEVENU UN « EMPLOI » TRÈS SPÉCIALISÉ, STANDARDISÉ, NON INTERCHANGEABLE. NOTRE SURVIE DÉPEND DÉSORMAIS DU SAVOIR-FAIRE DES AUTRES ET DES ROUAGES D'UN SYSTÈME MONDIALISÉ, NUISIBLE POUR L'ENVIRONNEMENT, DONT LA COMPLEXITÉ DÉPASSE NOTRE HORIZON.

ALORS QUE NOMBRE DE GENS SE LÈVENT CHAQUE MATIN POUR EFFECTUER UNE TÂCHE QUI MANQUE CRUELLEMENT DE SENS, LE TRAVAIL S'EST ÉRIGÉ EN VALEUR MORALE, MÊME S'IL SE RÉALISE AUX DÉPENS DE LA SANTÉ MENTALE ET PHYSIQUE DE CELLES ET CEUX QUI L'EXERCENT, ET QUEL QUE SOIT LE BÉNÉFICE POUR LA COLLECTIVITÉ.
EN L'OCCURRENCE, L'INVERSION DU CRÉDIT PORTÉ AU NÉCESSAIRE ET AU SUPERFLU FAIT QUE PLUS UNE ACTIVITÉ PROFITE À AUTRUI... MOINS ELLE EST RÉMUNÉRÉE ET SOCIALEMENT VALORISÉE.

Je soigne et sauve des gens à l'hôpital. Mon travail est essentiel et pourtant, mal récompensé !
Moi aussi, je suis mal payée alors que je mets au point les vaccins et médicaments qui vous soignent.
Mon rôle concerne l'éducation des enfants, futurs adultes de demain. Il est indispensable et pourtant peu valorisé.
Je vous décharge des poubelles qui, tous les jours, s'entassent dans vos maisons. Sans moi, vous seriez submergés par votre consommation.
Je fais pousser les aliments que ous mangez donc vous ne pouvez pas vivre sans moi. Or, l'un de mes collègues se suicide tous les deux jours en France.
IL AURA FALLU UNE PANDÉMIE MONDIALE ET DES MORTS POUR QUE CETTE INCOHÉRENCE SOCIÉTALE SAUTE AUX YEUX.

POURTANT, ET MALGRÉ LES MENACES QUI PÈSENT SUR EUX, SUBSISTENT DES ÎLOTS DE COMMUNAUTÉS D'HUMAINS QUI NOUS PROUVENT QU'UNE AUTRE FAÇON DE VIVRE EST POSSIBLE, POUR PEU QUE NOUS NOUS DÉBARRASSIONS DE NOS CERTITUDES ET DE NOTRE SENTIMENT DE SUPÉRIORITÉ.

... et les hommes ne prélèvent rien d'inutile à la nature. Quand ils tuent un animal pour le manger, ils élèvent ses petits.
Nous, les Occidentaux, devons dépasser cette vision paternaliste qui souhaite imposer, à tous, le moule de notre civilisation.
Le cliché n'est pas de penser qu'ils seraient dans le vrai et nous dans le faux, mais d'être convaincus que nous sommes l'universel et qu'ils sont le singulier, que nous, nous serions les seuls détenteurs du progrès.

Si tu as mal à la tête pendant ton séjour, tu pourras prendre cette plante en infusion car elle est très efficace contre les migraines.
La nature est une pharmacopée exceptionnelle, mais les Kayapos redoutent la biopiraterie occidentale qu'ils ont déjà subie dans le passé.

Il règne ici un sentiment d'harmonie envoûtant.

PALAIS DE L'ÉLYSÉE, 1997.

*CE SERA EFFECTIF EN 2005 AVEC L'INTRODUCTION DE DROITS ET DE DEVOIRS FONDAMENTAUX RELATIFS À LA PROTECTION DE L'ENVIRONNEMENT SELON TROIS GRANDS PRINCIPES : PRÉVENTION, PRÉCAUTION, POLLUEUR-PAYEUR.

DÎNER OFFICIEL EN AFRIQUE DU SUD, QUELQUES MOIS PLUS TARD.

Ah, Nicolas,
nous t'attendions !
Bonjour !
Maintenant que tu es là, je te laisse avec ton héros !
Venez-vous asseoir près de moi, Monsieur Hulot !
Quel honneur de vous rencontrer Monsieur Mandela !
J'ai toujours rêvé de vous parler mais maintenant que je suis devant vous, les mots se bloquent dans ma gorge...
Mais non voyons, tout l'honneur est pour moi !
Il dit cela alors qu'il n'a aucune idée de qui je suis. C'est un homme admirable d'humilité...

Les 20 minutes que nous avons passées ensemble me semblent avoir duré quelques secondes à peine... Il m'a parlé des graves problèmes d'alimentation en eau que rencontre l'Afrique australe et du risque que cela fait peser sur l'Okavango. Il aimerait m'aider à l'inscrire au Patrimoine mondial de l'Humanité mais il a bientôt terminé son mandat présidentiel et, à 80 ans passés, il ne se représentera pas.
Premier président noir d'Afrique du Sud, il restera probablement l'une des personnalités politiques les plus respectées au monde.

BRETAGNE, PRINTEMPS 2002, APRÈS LA RÉÉLECTION DE JACQUES CHIRAC À LA PRÉSIDENTIELLE.
Nicolas, c'est Chirac !
Bon, je t'en veux un peu d'avoir refusé d'être mon ministre de l'Écologie...
Jacques, on en a déjà parlé...
Si j'entre à l'intérieur du système, je perds mon indépendance, ma liberté de parole et, surtout, le capital de confiance que j'ai dans l'opinion.
Je comprends et je ne t'en tiens pas rigueur. D'ailleurs, je t'appelle car j'aimerais t'emmener avec moi, en tant que conseiller, au sommet mondial du développement durable qui se tiendra à l'automne, à Johannesburg. Ce serait l'occasion pour toi de revoir ton idole et d'avertir l'Humanité des dangers qui la guettent !

AFRIQUE DU SUD, SEPTEMBRE 2002.

SOMMET DE JOHANNESBURG, LE 2 SEPTEMBRE 2002.

LE LENDEMAIN, DANS LA MAISON DE NELSON MANDELA.

Ce quatrième sommet environnemental est comme une immense montagne qui va probablement accoucher d'une souris !

Mais sur le plan psychologique, je pense qu'il était important parce que les derniers doutes sur le dérèglement climatique sont désormais levés.
RÉPUBLIQUE FRANÇAISE

CONSEIL DE SÉCURITÉ DE L'ONU, NEW YORK, LE 14 FÉVRIER 2003.
La guerre est toujours la sanction d'un échec. (...) Dans ce temple des Nations Unies, nous sommes les gardiens d'un idéal, nous sommes les gardiens d'une conscience. La lourde responsabilité et l'immense honneur qui sont les nôtres doivent nous conduire à donner la priorité au désarmement dans la paix.
Et c'est un vieux pays, la France, un vieux continent comme le mien, l'Europe, qui vous le dit aujourd'hui, qui a connu les guerres, l'occupation, la barbarie. (...) Et qui pourtant n'a cessé de se tenir debout face à l'Histoire et devant les hommes.
Fidèle à ses valeurs, il veut agir résolument avec tous les membres de la communauté internationale. Il croit en notre capacité à construire ensemble un monde meilleur.
DOMINIQUE DE VILLEPIN, MINISTRE DES AFFAIRES ÉTRANGÈRES
U GOUVERNEMENT DE JACQUES CHIRAC,
CTERA PAR CE DISCOURS LE REFUS DE LA
NCE DE S'ASSOCIER À L'INVASION MILITAIRE
EN IRAK VOULUE PAR LES ÉTATS-UNIS.

PARTOUT SUR TERRE ET QUEL QUE SOIT LE MODÈLE POLITIQUE EN PLACE (MÊME DICTATORIAL), LE CAPITALISME S'EST IMPOSÉ COMME LA RELIGION LA PLUS SÉDUISANTE PARCE QU'ELLE A FAIT LA PROMESSE QUE CHACUN D'ENTRE NOUS POUVAIT ACCÉDER À DES BIENS ILLIMITÉS. OR CHAQUE FOIS QUE L'ON PRODUIT QUELQUE CHOSE, ON CONSOMME (ET CONSUME) DE LA NATURE. CETTE PROMESSE SE RÉVÈLE DONC INTENABLE PUISQUE NOTRE PLANÈTE, DE PAR SA RONDEUR, EST LIMITÉE.

Le modèle productif qui sous-tend notre développement économique est linéaire : extraire des ressources naturelles, les transformer et les jeter. Il s'accompagne d'une augmentation constante des matières et énergies utilisées.
Ce modèle, qui semblait être un progrès inexorable vers une société d'abondance, s'est retourné contre lui-même : les matières premières ne sont pas disponibles en quantité infinie et les pollutions générées ont des répercussions irréversibles sur notre santé et sur la planète.

D'ORIGINE GRECQUE, LE TERME « ÉCONOMIE » SIGNIFIE ÉTYMOLOGIQUEMENT « L'ADMINISTRATION DE LA MAISON ». AVANT DE DÉSIGNER L'ENSEMBLE DES ACTIVITÉS HUMAINES DE PRODUCTION, DE DISTRIBUTION ET DE CONSOMMATION, L'ÉCONOMIE EST « CE QUE L'ON ÉPARGNE ». POURTANT NOTRE SYSTÈME ÉCONOMIQUE GÂCHE ET DILAPIDE, NON SEULEMENT LES ÉNERGIES FOSSILES, MAIS ÉGALEMENT LES MINERAIS ET LES MATIÈRES PREMIÈRES QUI NE SONT PAS RENOUVELABLES.

Le phosphore

Un élément chimique peu connu de la plupart d'entre nous et sans lequel, pourtant, aucune vie n'est possible. Classé par l'Organisation des Nations Unies comme matière première minérale chimique, c'est le pilote de la photosynthèse ou du métabolisme cellulaire, pour lequel il n'existe aucun substitut. L'agriculture moderne, qui utilise 90 % des prélèvements de phosphates, le surexploite comme engrais, et au rythme actuel de l'extraction minière, alors que la demande augmente, des études font redouter sa pénurie d'ici 50 à 100 ans (pourtant il est vital !).

L'eau

L'eau est une priorité absolue pour tout être vivant mais en 2015, l'Organisation des Nations Unies annonçait que « le monde devrait faire face à un déficit hydrique global de 40 % dès 2030 », du fait de l'exploitation des réserves souterraines qui a été multipliée par trois en 40 ans (principalement par l'agriculture intensive) et de l'augmentation de la population.

L'argent

Ce minerai ne sert pas qu'à créer des bijoux, il est utilisé par l'industrie nucléaire et dans la fabrication des téléphones portables, des produits high-tech, des panneaux photovoltaïques, etc. Or, si on se base sur le taux de consommation actuel, son épuisement est prévu entre 2029 et 2037.

L'or

Principalement utilisé en bijouterie, mais également dans l'industrie et l'électronique, l'or est un métal fascinant que les Hommes n'ont cessé de convoiter. Cependant, son extraction qui se réalise au détriment de l'environnement et bien souvent des droits humains, est de plus en plus difficile car, comme le pétrole, il faut aller le chercher plus loin et plus profond alors que la demande est déjà plus forte que l'offre.

L'hélium

Un gaz indispensable à la recherche scientifique (pour les fibres optiques par exemple) et médicale (il est utilisé dans les appareils d'imagerie à résonance magnétique) mais son épuisement est envisagé d'ici 30 ans, selon le prix Nobel de Physique Robert Richardson.

Le sable

Quoi de plus commun que cette matière granulaire qui recouvre les plages de nos côtes ? Pourtant, le sable, une ressource non renouvelable, est massivement prélevé pour contenter l'industrie de la construction qui l'utilise pour le béton. Le pompage à l'échelle industrielle s'opère directement dans les fonds marins, sans aucune considération pour les écosystèmes qui sont détruits au passage.

MAIS AUSSI LE CUIVRE, LE PLOMB, L'URANIUM, LE CHROME, L'ÉTAIN, LE ZINC, LE DIAMANT… DES MATÉRIAUX QUI SERONT ÉPUISÉS EN QUELQUES CENTAINES D'ANNÉES, ALORS QU'ILS ÉTAIENT STOCKÉS DANS LA CROÛTE TERRESTRE DEPUIS DES MILLÉNAIRES.

CE QUI NOUS ENTOURE EST INFINIMENT PRÉCIEUX, POURTANT LA SOCIÉTÉ DE CONSOMMATION NOUS FAIT CROIRE LE CONTRAIRE.

CHARLES KETTERING
(1876-1958),
VICE-PRÉSIDENT DE GÉNÉRAL MOTORS.

7 milliards de téléphones portables (autant que d'humains) ont été écoulés dans le monde entre 2007 et 2017 et leur vente est exponentielle.

Contient du cobalt, dont plus de la moitié de la production mondiale provient de République démocratique du Congo, où près de 40 000 enfants sont employés dans les mines.

Est composé d'une cinquantaine d'autres métaux, difficilement recyclables, issus de mines à ciel ouvert, toxiques pour l'environnement.

Inclus du lithium qui vient principalement de régions très arides d'Amérique latine, ce qui nécessite beaucoup d'eau pour son extraction alors que les populations locales souffrent de la sécheresse.

Passe environ deux ans dans la poche d'un Français, avant d'être remplacé par un nouveau, or dans 88 % des cas, il fonctionne encore.

BRETAGNE, MAI 2017.
« Le cercle vertueux », vous ne trouvez pas que ça ferait un bon titre à notre ouvrage ?
Excusez-moi : je dois répondre au téléphone.
VANDANA SHIVA, ÉCRIVAINE, MILITANTE ÉCOLOGISTE ET FÉMINISTE INDIENNE.
Très bon titre !
LIONEL ASTRUC, ÉCRIVAIN ET JOURNALISTE.
Brrrr
Bonjour Matthieu !
Nicolas, je suppose que si Emmanuel Macron, fraichement élu, te proposait de devenir ministre de l'Environnement, tu dirais non, comme d'habitude ?
Sincèrement, ça me semble improbable car je n'ai pas été un soutien très démonstratif pendant sa campagne...
En vérité, il n'ose même pas t'en parler !
C'était Matthieu Orphelin. Il voulait me parler de la possibilité d'être le ministre de l'Environnement du Président Macron et, curieusement, c'est la première fois que, si la question m'était officiellement posée, je ne refuserais pas d'emblée.
Pour 3 raisons. D'abord, parce que c'est la dernière fois qu'on va me le proposer, or c'est une possibilité que je n'ai pas tentée pour agir, ensuite, parce qu'il vaut mieux avoir des regrets que des remords, enfin, parce qu'il est jeune et, comme il a cassé les codes politiques, il se pourrait bien qu'il soit disruptif.
Qu'en pensez-vous ?

GARE MONTPARNASSE À PARIS, QUELQUES JOURS PLUS TARD.

QG D'EMMANUEL MACRON, DANS LE XVE ARRONDISSEMENT DE LA CAPITALE.
Emmanuel, jusqu'à présent j'ai toujours refusé de devenir ministre car j'ai des doutes sur le réel pouvoir des politiques et je n'ai pas cette ambition personnelle, mais mon inquiétude pour l'avenir ne faiblit pas et c'est la seule carte que je n'ai pas jouée pour mobiliser la société…
Cependant, je dois être certain que tu as bien compris que la question climatique n'est pas une variable d'ajustement, que ce sujet conditionne tous les autres. Il s'agit d'une crise systémique due au modèle économique ultra-libéral et à la mondialisation. Notre modèle de croissance basé sur le libre-échange est la racine de tous les problèmes environnementaux, d'aujourd'hui et de demain, donc je n'y arriverai que si tu distribues les responsabilités entre les différents ministres et si les arbitrages sont en ma faveur.
J'en ferai la priorité de mon gouvernement, tu as ma parole et pour te le prouver, je te nommerai ministre d'État, ce qui te mettra en situation de prééminence vis-à-vis des autres ministres.

DES MOIS PLUS TARD...
Encore un voyage qui, sous des airs diplomatiques, n'avait d'intérêt que pour le business. On a amené avec nous les représentants d'Areva, d'EDF, de Dassault,... plutôt que de faire venir les dirigeants des entreprises qui œuvrent pour les solutions du XXIe siècle !
Demain dans les médias, mes collègues tairont la commande gênante des 36 Rafales, mais se féliciteront d'avoir vendu 184 Airbus et 4 centrales nucléaires alors que, dans le même temps, on annonce la sortie de l'énergie de l'atome en France pour aller dans le sens de l'opinion publique. 184 Airbus livrés, c'est bien pour le PIB, mais délétère pour le climat et donc, le futur !
Où est la cohérence ?
AF-135-FF

LES ENJEUX DU COURT TERME PRÉEMPTENT TOUJOURS SUR LES ENJEUX DU LONG TERME. LES PROFITS AUSSI. UNE CENTAINE D'ENTREPRISES, PRINCIPALEMENT PÉTROLIÈRES, SERAIENT RESPONSABLES DE 71 % DES ÉMISSIONS GLOBALES DE GAZ À EFFET DE SERRE REJETÉES DANS L'ATMOSPHÈRE ENTRE 1988 ET 2015, ANNÉE DE L'ACCORD DE PARIS. DEPUIS CETTE DATE, LES CINQ GÉANTS DU PÉTROLE ONT INVESTI 1 MILLIARD DE DOLLARS DANS DES ACTIONS DE LOBBYING EN FAVEUR DES ÉNERGIES FOSSILES TANDIS QU'ELLES AFFICHAIENT, LA MAIN SUR LE CŒUR, VOULOIR LUTTER CONTRE LE DÉRÈGLEMENT CLIMATIQUE.

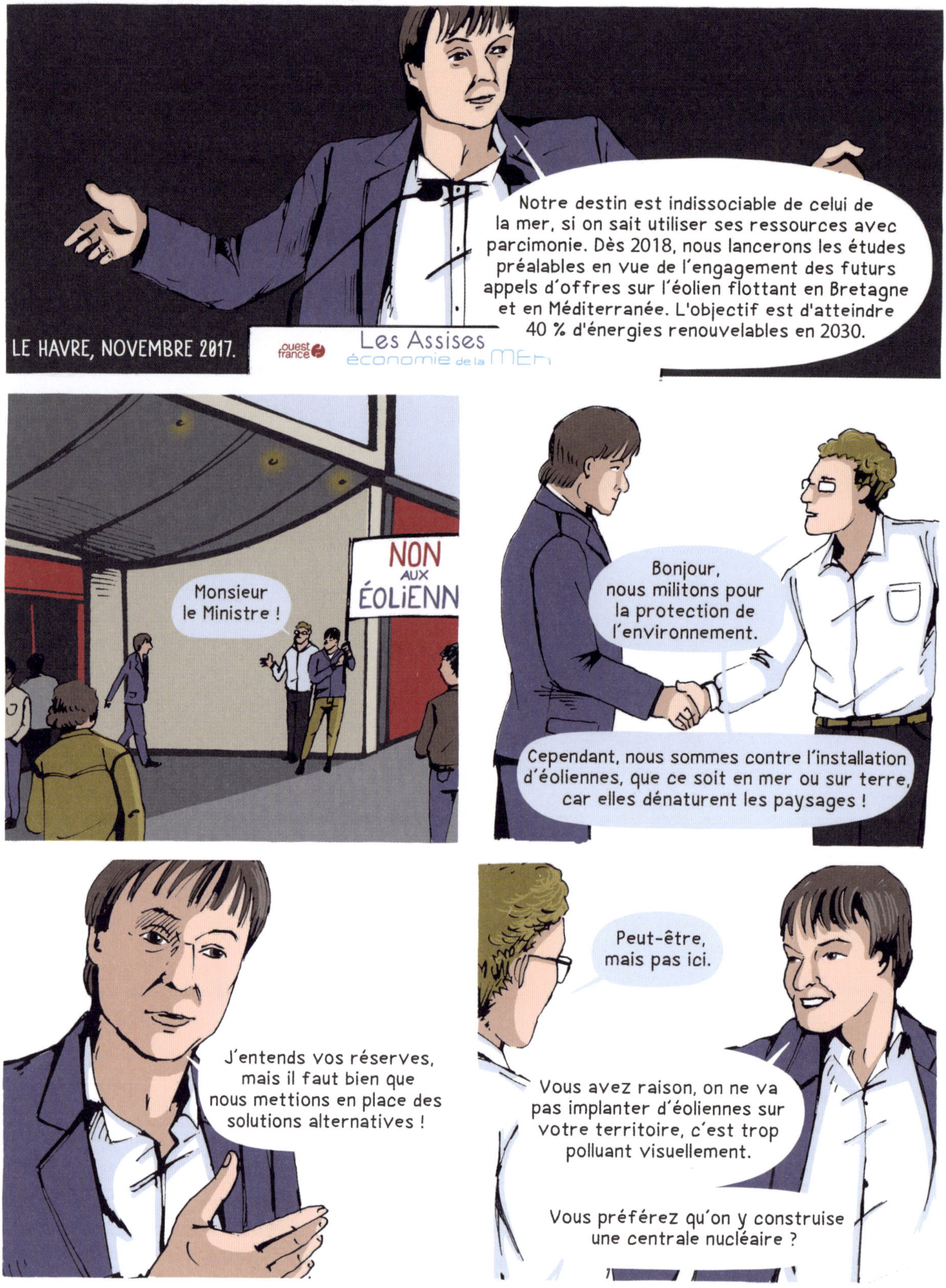

EN 2018, ANNÉE RECORD DES ÉMISSIONS DE GAZ À EFFET DE SERRE, LES MAGNATS DU PÉTROLE ONT GAGNÉ 55 MILLIARDS DE DOLLARS GRÂCE À L'EXTRACTION DE RESSOURCES QUI DEVRAIENT ÊTRE CONSIDÉRÉES COMME NOTRE BIEN COMMUN. DEVINETTE : L'ARGENT RÉCOLTÉ A-T-IL SERVI À ENRICHIR UNE PETITE MINORITÉ DE PERSONNES OU À COMBATTRE LA MISÈRE DU PLUS GRAND NOMBRE ?

VICTOR HUGO
(1802-1885),
POÈTE ET ÉCRIVAIN FRANÇAIS.

Selon le dernier rapport de l'association OXFAM qui lutte contre la pauvreté, en 2019,

26 milliardaires...

... détenaient autant d'argent que

3,8 milliards de personnes

parmi les plus pauvres de la planète.

LA PAUVRETÉ DANS LE MONDE A DIMINUÉ DEPUIS 30 ANS MAIS, DANS LE MÊME TEMPS, LES INÉGALITÉS N'ONT CESSÉ DE PROGRESSER. OR, L'EMPREINTE ÉCOLOGIQUE D'UNE PERSONNE EST DIRECTEMENT CORRÉLÉE À SON NIVEAU DE VIE : 10 % DES PERSONNES LES PLUS RICHES DE LA PLANÈTE ÉMETTENT 50 % DES GAZ À EFFET DE SERRE ET LES 1 % DES PLUS FORTUNÉS D'ENTRE EUX LÂCHENT PLUS DE CARBONE DANS L'ATMOSPHÈRE QUE LA MOITIÉ LA PLUS MISÉREUSE DE LA POPULATION.
GUS
Tu vois Octave, le problème c'est que ces gens font trop d'enfants !

NUL BESOIN D'ÊTRE ALTERMONDIALISTE POUR COMPRENDRE QUE LES DÉGRADATIONS ENVIRONNEMENTALES S'ABATTENT D'ABORD SUR LES PLUS PAUVRES, QUE LES PLUS RICHES, DU FAIT DE LEUR MODE DE VIE, SONT PRINCIPALEMENT RESPONSABLES DES ÉMISSIONS DE GAZ À EFFET DE SERRE, ET QUE PRÉSENTER CE MODE DE VIE COMME UN BUT À ATTEINDRE POUR CHACUN D'ENTRE NOUS EST UNE CATASTROPHE POUR LE CLIMAT.
Après moi, le déluge !
PA-236-AA
LES VENTES DE SUV, CES 4X4 URBAINS TRÈS À LA MODE, ONT EXPLOSÉ DEPUIS 2010, OR ILS SONT PLUS LOURDS ET PLUS GOURMANDS EN CARBURANT QU'UNE VOITURE DE TAILLE MOYENNE, AU POINT QU'ILS SONT DÉSORMAIS LES DEUXIÈMES CONTRIBUTEURS À LA HAUSSE DES ÉMISSIONS DE CO_2. SI LA TENDANCE DEVAIT SE POURSUIVRE, « LES SUV AJOUTERAIENT PRÈS DE 2 MILLIONS DE BARILS PAR JOUR À LA DEMANDE MONDIALE DE PÉTROLE D'ICI 2040, ANNULANT LES ÉCONOMIES PERMISES PAR 150 MILLIONS DE VOITURES ÉLECTRIQUES », PRÉVIENT L'AIE (AGENCE INTERNATIONALE DE L'ÉNERGIE).

L'ARGENT, AU LIEU DE N'ÊTRE QU'UN MOYEN DE SUBVENIR À NOS BESOINS FONDAMENTAUX, S'IMPOSE COMME UNE ASPIRATION LÉGITIME ET IMPÉRIEUSE PERMETTANT D'ATTEINDRE L'« IDÉAL FANTASMÉ » DE LA VIE DES AUTRES.

YUVAL NOAH HARARI,
PROFESSEUR, HISTORIEN ET AUTEUR ISRAÉLIEN.

LE DÉRÈGLEMENT CLIMATIQUE N'EST PAS UN « PROBLÈME DE RICHES » PUISQU'IL CONCERNE LES POPULATIONS DU MONDE ENTIER ET IMPACTE D'ABORD LES PLUS FRAGILES. EN REVANCHE, C'EST UN « DEVOIR DE RICHES », NON SEULEMENT PARCE QU'ILS ÉMETTENT DAVANTAGE DE POLLUTION, MAIS AUSSI PARCE QUE POUR AVOIR LE LUXE DE RÉFLÉCHIR À SON EMPREINTE CARBONE PERSONNELLE, IL FAUT QUE LE NÉCESSAIRE VITAL SOIT SATISFAIT.

LE POINT COMMUN ENTRE CES PERSONNES ?
ELLES N'ONT PAS LE TEMPS DE PLEURER LA DISPARITION ANNONCÉE DES OURS POLAIRES.

LUTTER POUR LA PROTECTION DE L'ENVIRONNEMENT IMPOSE DONC DE LUTTER CONTRE LES INÉGALITÉS SOCIALES, DANS UN MONDE OÙ ELLES SONT DE PLUS EN PLUS PRÉGNANTES.

NOVEMBRE 2017.

ENRICHIR LES HUMAINS DU PRÉSENT QUITTE À DÉTRUIRE LA PLANÈTE DE DEMAIN ? NOTRE CERVEAU SERAIT L'ARCHITECTE DE CE PLAN DIABOLIQUE. SA PROGRAMMATION, LA MÊME DEPUIS NOS ORIGINES, RÉPOND À DES IMPÉRATIFS BASIQUES, NÉCESSAIRES À NOTRE SURVIE IMMÉDIATE : MANGER, SE REPRODUIRE, ACQUÉRIR DU POUVOIR ET ENGRANGER UN MAXIMUM D'INFORMATIONS GRÂCE À UN MINIMUM D'EFFORTS. SAUF QUE CE QUE NOS ANCÊTRES OBTENAIENT DIFFICILEMENT ABONDE DANS NOS SOCIÉTÉS MODERNES ET NOTRE ENCÉPHALE EST SUBITEMENT PASSÉ DE LA FAMINE… À L'ORGIE.

SÉBASTIEN BOLHER,
CHRONIQUEUR, ÉCRIVAIN ET JOURNALISTE FRANÇAIS,
SPÉCIALISTE EN NEUROSCIENCES.

35 % DU TRAFIC INTERNET EST CONSACRÉ AU VISIONNAGE DE SITES PORNOGRAPHIQUES, CE QUI REPRÉSENTE 150 MILLIONS DE TONNES DE DIOXYDE DE CARBONE REJETÉES ANNUELLEMENT DANS L'ATMOSPHÈRE, SOIT L'ÉQUIVALENT D'1/5 À 1/3 DES ÉMISSIONS DE GAZ À EFFET DE SERRE DU TRAFIC AÉRIEN.

NOTRE CERVEAU A CONÇU LES OUTILS QUI LUI PROCURENT DE LA DOPAMINE EN PERMANENCE PAR L'INGESTION, SANS EFFORT ET EN GRANDE QUANTITÉ, DE NOURRITURE, DE SEXE (VIRTUEL OU PAS), DE RELATIONS SOCIALES (IDEM) ET D'INFORMATIONS EN CONTINU. MAIS NOUS NE SOMMES PAS ÉGAUX DANS LA RÉSISTANCE AUX STIMULI PRIMAIRES ET, MALHEUREUSEMENT, CERTAINS DES DIRIGEANTS LES PLUS PUISSANTS DU MONDE Y SONT PARTICULIÈREMENT SENSIBLES !

L'EX-PRÉSIDENT AMÉRICAIN EST UNE EFFIGIE GROSSIÈRE DU PATRIARCAT, UNE DYNAMIQUE SOCIALE OBSERVÉE DANS LA QUASI-TOTALITÉ DES SOCIÉTÉS HUMAINES. PLUS FORT QUE L'ANTHROPOCENTRISME QUI, DEPUIS L'ANTIQUITÉ, PLACE L'ÊTRE HUMAIN AU CENTRE DE L'UNIVERS (AU POINT QUE LES RELIGIONS CONSIDÈRENT QU'IL SERAIT À L'IMAGE DE DIEU, CE QUI LUI A DONNÉ LA LÉGITIMITÉ DE SE COMPORTER COMME TEL), LE PATRIARCAT DÉFINIT LE « MASCULIN » COMME LA VALEUR UNIVERSELLE ET SUPÉRIEURE.

ENFIN REMISE EN QUESTION, L'IDÉOLOGIE DU VIRILISME A FAÇONNÉ UNE SOCIÉTÉ OÙ LA FORCE, L'APPÉTIT POUR LE POUVOIR ET LE DÉSIR DE CONQUÊTE PRÉDOMINENT. CE QUI N'EST PAS SANS CONSÉQUENCE POUR LA NATURE, LES ANIMAUX, MAIS AUSSI LES FEMMES QUI REPRÉSENTENT 70 % DE L'EXTRÊME PAUVRETÉ ET ACCOMPLISSENT LA MAJORITÉ DES TÂCHES DOMESTIQUES DANS LE MONDE. PLUS L'ENVIRONNEMENT SE DÉGRADE, PLUS LEURS CORVÉES S'ALOURDISSENT.

LA CARICATURE DE L'HOMME TOUT-PUISSANT, INDIFFÉRENT À CE QUI NE LE CONCERNE PAS DIRECTEMENT, S'OBSERVE AU QUOTIDIEN.

Pourquoi l'avez-vous écrasée, comme ça, sans raison ?
Quoi ?!
Ben... c'est qu'une mouche !
Et donc, ça vous donne le droit de la tuer pour rien ? Une mouche, ça pollinise et ça nourrit les oiseaux !
Pfff... la relou.
D'AILLEURS, LES ANIMAUX ONT-ILS BESOIN D'ÊTRE UTILES POUR QU'ON LES RESPECTE ?

LA NOTION D'EFFONDREMENT EST SOUVENT RATTACHÉE AU DEVENIR DE NOTRE CIVILISATION THERMO-INDUSTRIELLE OR, MÊME S'IL EST DIFFICILE DE NOUS EN RENDRE COMPTE DANS NOS QUOTIDIENS EN BÉTON, ELLE CONCERNE DÉJÀ LA BIODIVERSITÉ PUISQU'IL NE RESTE QUE 4 % D'ANIMAUX SAUVAGES. DES MILLIONS D'INDIVIDUS NON-HUMAINS ONT DISPARU DEPUIS NOTRE EXPANSION ET CE N'EST PAS UNE PROJECTION DANS L'AVENIR NI UNE SIMULATION. C'EST UN FAIT SCIENTIFIQUE, AVÉRÉ ET IRRÉPARABLE.

QUELQUES JOURS PLUS TARD.

NOUS DEVONS NOTRE CONFORT MATÉRIEL AU SACRIFICE DES RATS DANS LES LABORATOIRES, DES POULES PONDEUSES DANS LES FERMES-USINES ET DES VACHES DANS LES ABATTOIRS. 2000 BÊTES SONT TUÉES PAR SECONDE POUR FOURNIR LA VIANDE QUE NOUS CONSOMMONS, SOIT 65 MILLIARDS D'ANIMAUX PAR AN, 150 MILLIARDS SI ON Y AJOUTE LES POISSONS. UNE VÉRITABLE HÉCATOMBE QUI S'ORGANISE, À L'ÉCHELLE INDUSTRIELLE ET EN TOUTE IMPUNITÉ, LOIN DE NOS YEUX ET DE NOS ASSIETTES.

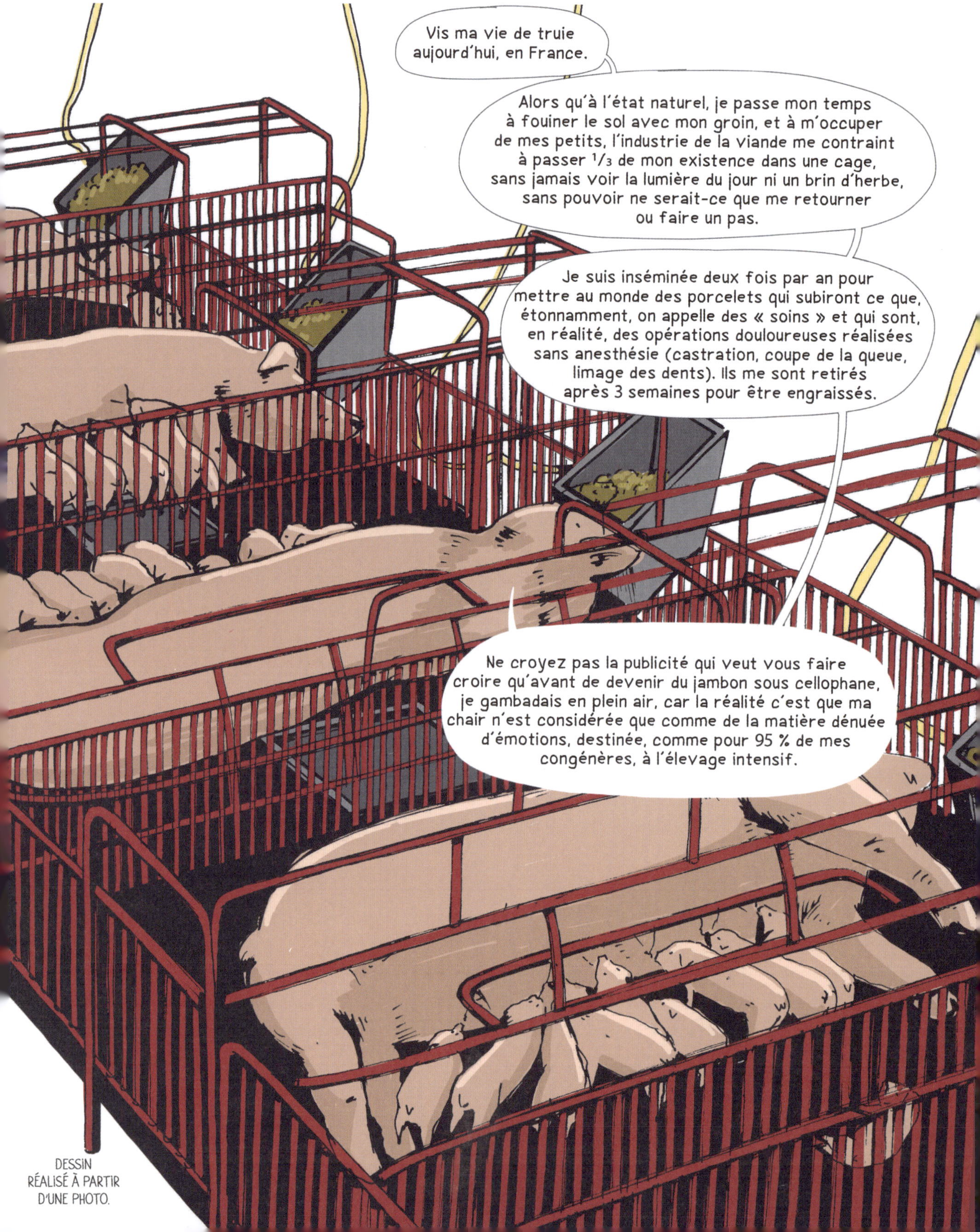

DESSIN RÉALISÉ À PARTIR D'UNE PHOTO.

L'HUMANITÉ ENGLOUTIT 300 MILLIONS DE TONNES DE VIANDE PAR AN, MAIS QUI FAIT ENCORE LE LIEN ENTRE LE MORCEAU DE JAMBON ET LA CHAIR D'UN COCHON, ÉLEVÉ ET TUÉ DANS DES CONDITIONS ÉPOUVANTABLES, ET PRIVÉ DE LIBERTÉ, LUI, POUR QUE NOUS AYONS LA LIBERTÉ, NOUS, DE LE MANGER ?

POUR SUPPORTER CETTE DISSONANCE COGNITIVE, NOMBRE D'HUMAINS COMPOSENT AVEC « L'AFFECTION SÉLECTIVE » QUI CONSISTE À VALORISER CERTAINS ANIMAUX (CHATS, CHIENS, COCHONS D'INDE...) ET À CONSIDÉRER LES AUTRES (VACHES, POULETS, RATS, CANARDS...) COMME INFÉRIEURS, EN LEUR DÉNUANT DES CAPACITÉS D'ÉMOTIONS OU D'INTELLIGENCE.

ALORS QUE CERTAINS SONT TRAITÉS COMME DES ROIS...

... D'AUTRES SONT CONSIDÉRÉS COMME DES BIBELOTS À VENDRE...

... PENDANT QUE CEUX DESTINÉS À L'ALIMENTATION, LES PLUS MALCHANCEUX, VIVENT EN ENFER.

L'INDUSTRIE DE LA VIANDE MARTYRISE LES CRÉATURES SENSIBLES, EXPLOITE LES OUVRIERS D'ABATTOIRS QUI SE TAPENT LE SALE BOULOT (QUE PEU D'ENTRE NOUS SUPPORTERAIENT) ET SON IMPACT SUR LA SANTÉ ET L'ENVIRONNEMENT EST CALAMITEUX : L'ÉLEVAGE ACCAPARE 78 % DE LA SURFACE AGRICOLE, IL EST RESPONSABLE DE 18 % DES ÉMISSIONS DE GAZ À EFFET DE SERRE ET DE 80 % DE LA DÉFORESTATION EN AMAZONIE.

CERTES, L'HUMANITÉ A TOUJOURS, OU PRESQUE, MANGÉ DE LA VIANDE, ELLE A D'AILLEURS INVENTÉ LA DOMESTICATION POUR S'EN PROCURER À VOLONTÉ. MAIS SI NOUS ÉTIONS 5 MILLIONS D'ÊTRES HUMAINS IL Y A 40 000 ANS, AUJOURD'HUI CE SONT 90 MILLIONS D'INDIVIDUS QUI NAISSENT CHAQUE ANNÉE, OR CHACUN D'ENTRE EUX CONSOMME, EN MOYENNE ET ANNUELLEMENT, 42,9 KILOS DE CHAIR ANIMALE. POUR RÉPONDRE À CETTE CONSOMMATION EXPONENTIELLE, LA PRODUCTION S'EST LARGEMENT INDUSTRIALISÉE AUX DÉPENS DU « BIEN-ÊTRE » ANIMAL.

NOTRE « MODERNITÉ » DISSIMULE UNE RÉALITÉ QUE PERSONNE N'AIME ENTENDRE, ENCORE MOINS VOIR. AU POINT D'OUBLIER QUE LA VÉRITABLE VIOLENCE N'EST PAS CELLE DES VEGAN (CLASSÉS AU MÊME NIVEAU QUE LES TERRORISTES DANS UN RAPPORT DE L'ASSEMBLÉE DE JUIN 2019 !) MAIS CELLE, INVISIBLE, QUI S'OPÈRE TOUS LES JOURS DANS LES ABATTOIRS.

LA VIANDE EST PARTOUT, LES ANIMAUX, NULLE PART. ILS ONT DISPARU DE NOTRE QUOTIDIEN EN MÊME TEMPS QUE LA NATURE, JUSQU'À NOUS LAISSER PENSER QUE LA TERRE EST UNIQUEMENT DESTINÉE AUX HUMAINS ALORS QUE NOUS SOMMES LES CONTEMPORAINS DE MILLIONS D'AUTRES ESPÈCES. SEULS SUBSISTENT À NOS CÔTÉS LES ANIMAUX DITS « DOMESTIQUES » PARCE QUE LEUR COMPAGNIE NOUS EST AGRÉABLE (LES CHATS) OU PARCE QUE NOUS APPRÉCIONS LEUR CARACTÈRE DOCILE (LES CHIENS).

Nicolas, qu'est-ce que tu fais ? On va manquer l'avion !
Je cherche le petit chien. Il ne m'a pas quitté pendant 8 jours et je ne le trouve pas pour lui dire au revoir !
Tant pis...
Mais... que fais-tu sur mon sac ?!
J'ai compris le message et je t'emmène avec moi, caché dans mon sac à dos, mais il faudra que tu sois très discret sinon, on ne passera pas la douane !
LIMA AIRPORT
EMBARQUE
LIMA AIRPORT
Pourvu qu'il ne se fasse pas remarquer !
Il n'a pas émis un bruit jusqu'à présent, c'est incroyable ! Il a compris qu'il doit se faire oublier pour pouvoir rester avec moi...
ORLY
Te voilà à Paris ! Je vais t'appeler Picchu, en souvenir du lieu d'où tu viens.

Théodore Monod disait : « Les animaux n'ont pas, comme l'homme, l'orgueil de se croire le roi des animaux. »

PEU D'ENTRE NOUS ONT VÉCU LE RÊVE DE VOLER AVEC DES CONDORS OU DE NAGER AVEC DES DAUPHINS, MAIS EST-CE INDISPENSABLE POUR RETROUVER UN PEU D'HUMILITÉ DANS LA GRANDE CHAÎNE DU VIVANT ?

LA SOUFFRANCE ANIMALE EST L'UN DES ENJEUX MAJEURS DU XXIE SIÈCLE POUR NE PLUS QUE NOTRE CIVILISATION SOIT ASSOCIÉE À CE RÉGIME D'EXPLOITATION BRUTAL QUI TRANSFORME DES ÊTRES VIVANTS EN UNE RESSOURCE, SUPPOSÉE SANS ÂME, UNIQUEMENT DESTINÉE AUX LOISIRS OU À LA PRODUCTION DE SAUCISSES.

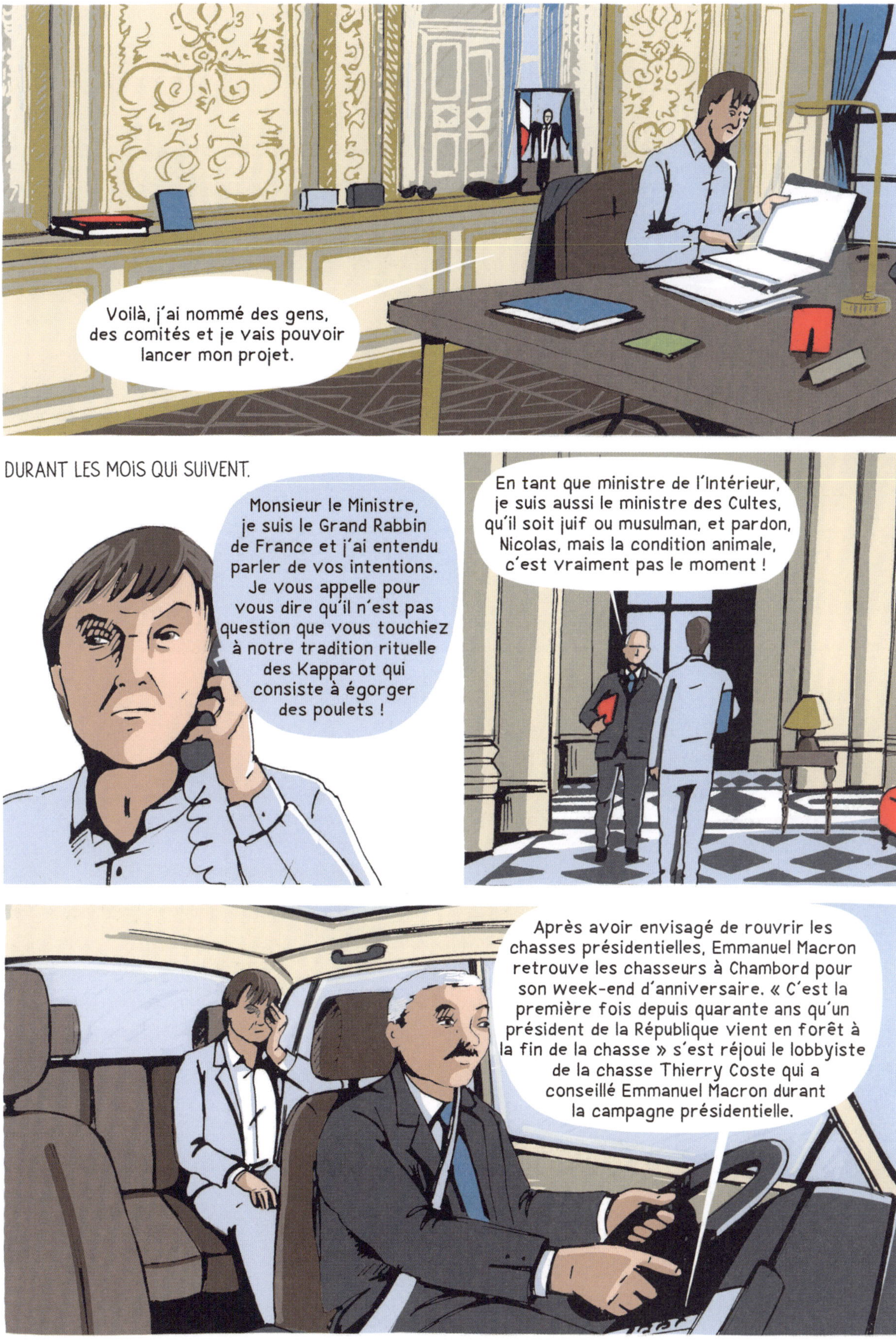
Voilà, j'ai nommé des gens, des comités et je vais pouvoir lancer mon projet.
DURANT LES MOIS QUI SUIVENT.
Monsieur le Ministre, je suis le Grand Rabbin de France et j'ai entendu parler de vos intentions. Je vous appelle pour vous dire qu'il n'est pas question que vous touchiez à notre tradition rituelle des Kapparot qui consiste à égorger des poulets !
En tant que ministre de l'Intérieur, je suis aussi le ministre des Cultes, qu'il soit juif ou musulman, et pardon, Nicolas, mais la condition animale, c'est vraiment pas le moment !
Après avoir envisagé de rouvrir les chasses présidentielles, Emmanuel Macron retrouve les chasseurs à Chambord pour son week-end d'anniversaire. « C'est la première fois depuis quarante ans qu'un président de la République vient en forêt à la fin de la chasse » s'est réjoui le lobbyiste de la chasse Thierry Coste qui a conseillé Emmanuel Macron durant la campagne présidentielle.

Nicolas, en tant que Premier ministre, j'ai reçu une lettre du ministère de l'Agriculture qui me dit que c'est à lui, et pas à toi, de piloter le thème du bien-être animal.
Matignon a organisé des réunions sur la chasse avec des chasseurs, mais sans me convier, alors que je suis le ministre de tutelle !
Brigitte Bardot s'est exprimée à la sortie de son entretien avec le président : « Moi qui n'étais pas une fervente de Macron, j'ai été très surprise de voir l'attention, le sérieux et la bonne disposition qu'il a eus envers nous... rien à voir avec ce lâche d'Hulot ! »
Elle ne sait pas qu'on ne cesse de me mettre des bâtons dans les roues....
J'ai réussi à leur imposer un comité interministériel de la biodiversité mais il n'y a que le Premier ministre et le ministre de l'Agriculture qui m'ont assuré de leur présence, alors que je comptais aussi sur le ministre de l'Éducation, la ministre du Travail et tant d'autres qui sont concernés par le sujet...

PRÉSENTATION DU PLAN BIODIVERSITÉ, GRANDE GALERIE DE L'ÉVOLUTION, 4 JUILLET 2018.

PROBABLEMENT PARCE QUE LA DISPARITION DE CES CRÉATURES NE SEMBLE PAS AFFECTER NOS VIES QUOTIDIENNES.

L'EXTERMINATION DE LA BIODIVERSITÉ N'EST POURTANT PAS QU'UNE PERTE D'ÉMERVEILLEMENT.

ELLE EST ESSENTIELLE AU MAINTIEN DES ÉCOSYSTÈMES,...

Prenez le **ver de terre**.

Cet être, *a priori*, insignifiant, est un auxiliaire indispensable à la bonne santé de nos sols nourriciers.

Ses excréments enrichissent la terre et favorisent donc la fertilisation des plantes.

Il recycle les matières organiques en les transformant en humus (la couche supérieure du sol), sans s'attaquer aux cultures.

Il creuse des galeries qui aèrent la terre, tout en permettant une meilleure infiltration des eaux de pluie.

Il réalise un travail utile et gratuit pour la préservation de la fertilité des terres arables (contrairement aux intrants chimiques issus du pétrole qui la détruisent) or, malheureusement, selon une étude de l'INRA publiée en 2014, **80 à 90 %** des vers de terre auraient été décimés en cinquante ans, du fait de l'agriculture intensive.

ELLE CONTRÔLE LA QUALITÉ ATMOSPHÉRIQUE ET RÉGULE LES CYCLES CLIMATIQUES.

Les forêt absorbent une partie des émissions de carbone d'origine humaine et aident à la régulation des cycles hydrauliques, mais en 2019, elles ont disparu au rythme ahurissant de la surface d'un terrain de foot toutes les **six secondes** !

LA BIODIVERSITÉ PERMET LA RICHESSE DE NOS PAYSAGES, LE FOISONNEMENT DE NOTRE ALIMENTATION GRÂCE À LA POLLINISATION...

L'insecte se nourrit grâce au pollen de la plante...

... qui, en retour, attend de lui qu'il transporte ses organes de reproduction mâles vers les organes de reproduction femelles...

... car pour la plupart des espèces de plantes à fleurs...

... la fécondation est indispensable à la formation des fruits.

... ET C'EST ELLE QUI NOUS SOIGNE.

60 % des médicaments chimiques que nous achetons sont issus de substances naturelles, principalement d'origine végétale, dont certaines sont connues pour leurs propriétés bienfaisantes.

LE SAULE BLANC

est considéré comme une aspirine végétale.

LE THYM

soulage les infections respiratoires et intestinales.

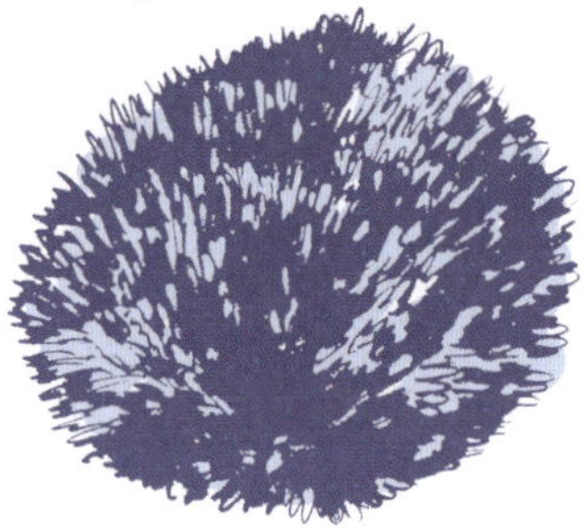

LA GENTIANE

soigne les troubles gastro-intestinaux.

LE QUIQUINA

s'illustre pour ses vertus antigrippales.

LE GINSENG

aide à lutter contre la dépression, et à soigner les troubles digestifs.

LE PLANTAIN

est réputé pour être un anti-inflammatoire et un antitussif.

LA PASSIFLORE

s'avère efficace contre l'insomnie.

LA DÉGRADATION DE L'ENVIRONNEMENT ET LES ATTEINTES À LA BIODIVERSITÉ MENACENT DONC NOTRE SANTÉ. LA MODIFICATION ACCÉLÉRÉE DE L'ENVIRONNEMENT PERMET AUX VIRUS DE PASSER DES ANIMAUX SAUVAGES AUX ANIMAUX DOMESTIQUES, PUIS AUX HUMAINS (LES ZOONOSES), TANDIS QUE LE CONFINEMENT DES ANIMAUX DE FERME DANS DES BARAQUEMENTS ET L'ENTASSEMENT DES HUMAINS DANS LES VILLES OFFRENT LA POSSIBILITÉ AUX ÉLÉMENTS PATHOGÈNES DE SE RÉPANDRE TRÈS RAPIDEMENT D'UN INDIVIDU À L'AUTRE.

EN MARS 2020, PENDANT LE CONFINEMENT DE LA POPULATION MONDIALE POUR CONTRER LA PANDÉMIE DE CORONAVIRUS, LES ANIMAUX ONT EXPLORÉ DES TERRITOIRES ACCAPARÉS PAR LES HUMAINS ET DONT ILS SONT NORMALEMENT EXCLUS. AINSI, UN TROUPEAU DE CHÈVRES DES MONTAGNES A ARPENTÉ LA VILLE DÉSERTE DE LLANDUDNO, AU ROYAUME-UNI.

Oui, mais nous, les chèvres des montagnes, nous sommes des privilégiées. Pense aux cochons, vaches ou poulets. Pour eux, le confinement c'est toute la vie, une vie d'ailleurs très réduite puisqu'ils sont destinés aux abattoirs.
Et puis, on s'amuse un peu, mais dès que l'humanité sortira de sa tanière, il faudra qu'on retourne dans la nôtre.
Et il vient d'où, ce virus ?
D'un marché aux animaux sauvages de Chine.
Attends, tu veux dire que les humains sont malades d'avoir consommé des animaux en voie de disparition ?
Oui. selon l'OMS, 60 % des maladies infectieuses qui touchent l'humanité seraient d'origine animale.
Mais ce n'est pas étonnant. Ils ont supprimé ou saccagé nos espaces de vies, ils nous ont interdit la liberté parce qu'ils nous considèrent comme des ressources, et seulement comme des ressources, et à force d'avoir déséquilibré la nature, ça se retourne contre eux.
Tu crois qu'avec ce drame, ils comprendront qu'on ne peut qu'être malade dans une société malade ?
Tu sais, l'être humain est la seule espèce qui détruit son environnement tout en se croyant invincible.
Ils sont bizarres, ces humains.
Tu m'étonnes. On va boulotter un morceau de haie ?

RELIRE *PRINTEMPS SILENCIEUX* AUJOURD'HUI, ALORS QUE RACHEL CARSON L'A PUBLIÉ EN 1962, ATTESTE DU TEMPS PRÉCIEUX QUE NOUS AVONS PERDU. SON MANIFESTE, SCIENTIFIQUE ET POÉTIQUE, PRÉCURSEUR DE LA CONSCIENTISATION ÉCOLOGISTE, A RÉVÉLÉ LA NOCIVITÉ DES SUBSTANCES QUE LES INDUSTRIES CHIMIQUE ET AGRICOLE DISPERSENT CHAQUE JOUR DANS LA NATURE, PARTOUT DANS LE MONDE, DEPUIS LA FIN DE LA SECONDE GUERRE MONDIALE. CAR AU DÉPART, LES PESTICIDES ONT ÉTÉ INVENTÉS PAR L'INDUSTRIE CHIMIQUE POUR TUER L'ENNEMI ET DONC, DES HOMMES.

Là !
Un autre nuisible
à abattre !
Bzzzz
Ça me donne
une idée...
RACHEL CARSON
(1907-1964),
BIOLOGISTE AMÉRICAINE.
La disparition soudaine du chant des oiseaux,
la suppression de la couleur, de la beauté et de la valeur
qu'ils apportent à notre monde sont survenues
insidieusement.

QUAND LA GUERRE EST TRAGIQUE POUR LES HUMAINS, ELLE EST PROFITABLE À L'INDUSTRIE : BAYER, L'ENTREPRISE QUI A RACHETÉ LA MARQUE MONSANTO EN 2018 POUR RÉCUPÉRER À LA FOIS LES BÉNÉFICES DES PESTICIDES ET CEUX DES MÉDICAMENTS, EST ISSUE D'UN CONGLOMÉRAT DE CHIMISTES, LG FARBEN, QUI FOURNISSAIT LE GAZ UTILISÉ DANS LES CAMPS DE LA MORT PAR LES NAZIS. CERTAINS DIRIGEANTS ONT D'AILLEURS ÉTÉ CONDAMNÉS À NUREMBERG POUR LEURS MÉFAITS EN AOÛT 1947 ET, EN 1995, LE PATRON DE LA FIRME S'EST EXCUSÉ AUPRÈS D'ELIE WIESEL, SURVIVANT DES CAMPS, POUR LES AGISSEMENTS DE SES PRÉDÉCESSEURS.

Je sais dans quelle difficulté vous êtes et je vous assure que je ne suis pas votre ennemi.
Pourtant, vous voulez interdire le glyphosate !
Écoutez, vous connaissez votre métier mieux que moi, mais, j'ai une question à vous poser : est-ce que vous pensez sincèrement, que Monsanto, qui vous rend dépendants à ses produits chimiques, qui vous fait prendre des risques pour votre santé et qui, grâce au régime des brevets, s'est approprié les semences, veut votre bien ?
NOUS TUE !!
HULOT
OSSOYEUR DE
L'AGRICULTURE!
J'ai des amis agriculteurs qui tombent malades et vous savez que les promesses concernant les OGM n'ont pas été tenues. Je cherche à protéger les consommateurs, mais je cherche d'abord à vous protéger, vous !
Monsanto représente le pire de l'impérialisme mondial, à visage découvert et dans l'indifférence des puissants. Cette firme n'a qu'un objectif : que tout lui appartienne, que tout serve ses intérêts, quitte à priver les agriculteurs d'un droit originel, celui d'être propriétaires des semences et donc, de leurs récoltes !

LES PESTICIDES NE CONTAMINENT PAS SEULEMENT LES ALIMENTS QUE NOUS MANGEONS. ILS PÉNÈTRENT DANS LA TERRE, S'INFILTRENT DANS LES NAPPES PHRÉATIQUES, ILS SE MÊLENT AUX RIVIÈRES ET ATTEIGNENT LES MERS. LEUR PERSISTANCE SE COMPTE EN ANNÉES ET LEURS MOLÉCULES SE MÉLANGENT, CRÉANT DES COMBINAISONS DONT LES EFFETS NOUS ÉCHAPPENT.

ILS NE TUENT PAS QUE LES INSECTES AUXQUELS ILS SONT DESTINÉS (80 % D'ENTRE EUX AURAIENT ÉTÉ DÉCIMÉS EN 30 ANS), LES AUTRES FORMES DE VIE QUI SE TROUVENT SUR LEUR CHEMIN TRÉPASSENT ET LEUR PERTE A DES CONSÉQUENCES SUR LES ANIMAUX QUI S'EN NOURRISSENT ET QUI MEURENT À LEUR TOUR.

C'EST AINSI QUE 300 MILLIONS D'OISEAUX ONT DISPARU DEPUIS 1980 ET QUE DES ESPÈCES, AUTREFOIS COMMUNES, SONT MENACÉES.

IRONIE DE LA VIE, RACHEL CARSON, QUI A TANT AIDÉ À LA PRISE DE CONSCIENCE DE L'IMPACT NÉFASTE DES PESTICIDES SUR LA NATURE ET LA SANTÉ HUMAINE, MOURRA D'UN CANCER DU SEIN EN 1964, DEUX ANS SEULEMENT APRÈS LA SORTIE DE SON LIVRE, *PRINTEMPS SILENCIEUX*, QUI DEVIENDRA UN BEST-SELLER À TRAVERS LE MONDE ET CONTRIBUERA AU DÉBUT DES MOUVEMENTS ÉCOLOGISTES.

L'AGRICULTURE DITE « CONVENTIONNELLE », DOPÉE AUX SUBSTANCES CHIMIQUES, À LA MÉCANISATION ET AUX CARBURANTS FOSSILES, ENDETTE LES AGRICULTEURS, DÉCIME LA BIODIVERSITÉ ET EMPOISONNE LES SOLS. SELON UN RAPPORT DES NATIONS UNIES POUR L'ALIMENTATION ET L'AGRICULTURE (FAO) DE 2011, UN MILLIARD D'HECTARES DE TERRES FERTILES - L'ÉQUIVALENT DE LA SURFACE DES ÉTATS-UNIS ! - ONT DISPARU AU COURS DES CENT DERNIÈRES ANNÉES ALORS QUE LA PRESSION DÉMOGRAPHIQUE, ET DONC LES BESOINS ALIMENTAIRES, CONTINUENT D'AUGMENTER.

Le ministre de l'Agriculture est là, avec ses deux conseillers. Michèle, Prune, Hélène et Maxime de Rostolan sont arrivés, ainsi que Marc Dufumier, chercheur-agronome et Philippe, producteur bio.
Bonsoir à tous et merci d'avoir accepté mon invitation ! Nous sommes réunis ce soir afin de confronter nos différentes pratiques de l'agriculture pour, peut-être, trouver une voie commune. Nous savons tous que le court terme prime bien souvent sur le long terme mais essayons de trouver des zones d'action possibles.
Marc, tu veux commencer ?
Eh bien, en tant que spécialiste de l'agro-écologie, je souhaiterais montrer que l'énergie solaire, utilisée pour créer de l'énergie alimentaire, me semble pertinente car elle est gratuite !
Par ailleurs, nous pouvons remplacer les intrants chimiques par des insectes auxiliaires pour protéger les cultures parce que…
Je ne veux pas qu'on oppose les cultures ! Et vous, Maxime ?
Nous travaillons à une comptabilité intégrale qui inclurait le capital humain et le capital naturel, pour ne plus la limiter à l'argent mais l'étendre à tout ce qui compte vraiment.
L'agro-écologie est riche en création d'emplois, contrairement à l'agriculture conven…
BIO MAN

Ah mais, moi, je ne suis pas contre le bio, y'a un marché pour ça ! Seulement y'en a un autre pour la production de masse, plus compétitif.
Pardon mais, c'est insupportable de réserver les produits de qualité à une élite qui a les moyens de se l'offrir et d'obliger les plus modestes à acheter des produits pesticidés, mauvais pour leur santé ! Nous souhaitons justement vous prouver que l'agro-écologie est tout à fait capable de nourrir le plus grand nomb…
OK, c'est bien gentil tout ça, mais je leur dis quoi, moi, aux agriculteurs ?!
?
Ce dîner n'aura servi à rien. Rien ! Ils sont conditionnés par un modèle d'agriculture intensive, élaboré à la fin de la seconde guerre mondiale pour nourrir le maximum de personnes en un temps record, et s'il a fonctionné, c'est au détriment de la fertilité des sols et de la biodiversité, pourtant vitales pour la survie des générations futures !
Comment pourraient-ils avoir l'humilité d'admettre qu'ils se trompent ?

LES PAYSAGES DE CAMPAGNE, FAMILIERS, NOUS SEMBLENT RASSURANTS ALORS QU'ILS NE LE SONT QU'EN APPARENCE.
Près de 40 % du budget européen, soit 60 miliards d'euros, subventionnent l'agriculture intensive, or celle-ci est responsable de 10 % des émissions de gaz à effet de serre de l'Europe (+5 % depuis 2007).
Les champs en monoculture ont recouvert l'horizon. La culture d'une seule espèce de plante favorise la réduction des coûts et maximise les rendements, mais elle occasionne une perturbation des écosystèmes et augmente le risque de maladie car la diversité est de mise dans la nature.
Plus de haies, de talus, de mares ou de bosquets, des viviers à biodiversité, qui ont été supprimés pour faciliter les déplacements des engins mécaniques.
Sous le couvert agricole, des sols inertes, sans animaux ni nutriments, qui ne fonctionnent plus qu'à grand renfort de pesticides, d'irrigation intense et grâce aux énergies fossiles, ce qui les rend entièrement vulnérables et non-résilients (il faut 3,5 tonnes de pétrole pour fabriquer 1 tonne d'engrais chimique et 12 calories d'énergie fossile sont nécessaires pour obtenir 1 calorie alimentaire !).
Constamment labourés, retournés, ces sols ont perdu leurs « horizons », les différentes strates qui les composent naturellement (de celle du dessus, la plus fertile,à celle du dessous, la plus minérale) et avec eux, leur fertilité innée.
Nus et sans profondeurs, écrasés par le soleil et durs comme de la pierre, la moindre pluie ruisselle dessus, sans y pénétrer, ce qui occasionne des risques d'inondation.
L'érosion des sols provoque la steppisation de nos campagnes, or l'histoire de l'agriculture a montré que l'étape suivant la steppe, c'est le désert.

Ils en sont venus à imaginer une agriculture sans paysans, avec des systèmes d'épandage utilisant des drones, ce qui, bien sûr, fait le jeu des producteurs de produits chimiques au détriment des pollinisateurs, des abeilles et des organismes qui sont dans le sol. Il faut qu'au niveau des pays et au niveau international, l'on se rende compte que ce sont les paysans qui améliorent la qualité et la quantité des aliments.
Cela a été démontré : plus les exploitations sont petites, plus la productivité augmente et la qualité s'améliore.
VANDANA SHIVA, ÉCRIVAINE, MILITANTE ÉCOLOGISTE ET FÉMINISTE INDIENNE.
L'agriculture est le domaine où nous avons opéré la plus grande transgression. L'homme a voulu se substituer à la nature. En l'espace de quelques décennies, il a détruit des milliards d'hectares de terres agricoles et les a transformées en une espèce de support mécanique inerte.
Pour essayer piteusement de se substituer à ce service gratuit dont l'humanité bénéficiait depuis la nuit des temps, il est entré dans une spirale tragique consistant à injecter dans les sols toutes sortes de substances toxiques qui donnent un temps l'illusion d'une certaine productivité, mais qui sont très rapidement rattrapées par de multiples effets secondaires sanitaires et environnementaux.

MINISTÈRE DE LA TRANSITION ÉCOLOGIQUE ET SOLIDAIRE, DÉCEMBRE 2017.

21 DÉCEMBRE 2017. BERCY, RESTITUTION DES ÉTATS GÉNÉRAUX DE L'ALIMENTATION.

LE LENDEMAIN, HÔTEL DE MATIGNON, BUREAU DU PREMIER MINISTRE.

DES SOLUTIONS EXISTENT POUR RÉCONCILIER L'HUMAIN AVEC LA NATURE ET LUI PERMETTRE DE RESTAURER LES ÉCOSYSTÈMES DÉGRADÉS. L'AGRO-ÉCOLOGIE ET LA PERMACULTURE SONT DES MODES DE PRODUCTION RÉSILIENTS ET DURABLES, ÉCONOMES EN ÉNERGIE, RESPECTUEUX DES BIOTOPES ET DES ÊTRES VIVANTS. ELLES SE PASSENT DE PRODUITS CHIMIQUES ET DE MACHINES, PRÔNENT LA DIVERSITÉ DES CULTURES DANS UNE QUÊTE D'AUTONOMIE. COMME ELLES NÉCESSITENT DE LA MAIN D'ŒUVRE, ELLES ENCOURAGENT LE COLLECTIF ET PERMETTRAIENT DE LUTTER CONTRE LE CHÔMAGE DE MASSE, À L'OPPOSÉ DU MODÈLE ACTUEL OÙ UN HOMME SEUL, ÉPUISÉ, EST RENDU DÉPENDANT DES PESTICIDES ET DU PÉTROLE POUR L'ENTRETIEN D'UNE EXPLOITATION GIGANTESQUE.

NE SERAIT-CE PAS PLUS ENVIABLE DE TRAVAILLER QUOTIDIENNEMENT DANS UN TEL DÉCOR POUR SE NOURRIR ET NOURRIR LES AUTRES, PLUTÔT QUE DE PASSER DEUX HEURES PAR JOUR DANS LES EMBOUTEILLAGES OU LE MÉTRO POUR SE RENDRE À UN TRAVAIL QUI MANQUE PARFOIS CRUELLEMENT DE SENS, PASSAGE OBLIGÉ POUR RECEVOIR LE SALAIRE NÉCESSAIRE À NOTRE SURVIE ALIMENTAIRE ?

DE PLUS EN PLUS D'UTOPIES DE CE GENRE ÉMERGENT POUR LUTTER CONTRE LE ROULEAU DESTRUCTEUR CAR MALGRÉ DES ABANDONS NOTOIRES (NOTRE-DAME-DES-LANDES PAR EXEMPLE), LES TERRES CONTINUENT D'ÊTRE BÉTONISÉES AU RYTHME EFFARANT DE LA SUPERFICIE D'UN DÉPARTEMENT MOYEN QUI DISPARAÎT TOUS LES 7 À 10 ANS, EN FRANCE. L'ARTIFICIALISATION DES SOLS ACCENTUE LES RISQUES D'INONDATION, SUPPRIME LES ESPACES DE VIE DES ANIMAUX ET PRÉSENTE UN RISQUE DE PERTE D'AUTONOMIE ALIMENTAIRE, ALORS QUE LA POPULATION CONTINUE D'AUGMENTER.

Dix ans plus tard, le champ d'en face s'est couvert de pavillons à son tour, mais plus tassés que les nôtres. Les voitures se sont accumulées sur les trottoirs et nous ne pouvions plus jouer sur le bitume, devenu trop dangereux.

Encore dix ans après, alors que j'avais déserté la demeure familiale, le grand champ au bout de la route s'est rempli de maisons à son tour, très serrées, avec des jardins tristes et sans arbres.

Un îlot de verdure a subsisté quelques années encore, de l'autre côté de la rue de mes parents, plein d'arbres et entouré d'une haute grille. J'y pénétrais avec un mélange de bonheur et de peur quand j'étais petite.

Mais lui non plus n'a pas résisté à notre voracité et j'ai pleuré l'abattage des derniers vestiges de la forêt d'origine.

LES HABITANTS DES ARBRES ET DES SOLS SONT RAREMENT PRIS EN COMPTE AVANT LA CONSTRUCTION D'UNE MAISON OU D'UN CENTRE COMMERCIAL PARCE QUE LES DROITS DE PROPRIÉTÉ NE CONCERNENT QUE LES ÊTRES HUMAINS. LES ANIMAUX SAUVAGES VIVENT SUR UN TERRITOIRE DE PLUS EN PLUS RÉDUIT, DANS LE STRESS PERMANENT DE CROISER UN ENNEMI INÉGAL, MUNI D'UN FUSIL À LONGUE VUE, DONT LE LOISIR CONSISTE À LES BLESSER OU À LES TUER.

Avant de partir, je voulais vous dire que j'ai imprimé une petite série d'articles susceptibles de vous intéresser, dont une réaction des chasseurs mécontents de votre nomination !
Merci Vanessa et bonne soirée !
Voyons ça...
Nomination de Hulot ?
Une « provocation pour les chasseurs »
Publié le 18/05/2017 à 18:41 | AFP
Actualité Politique
18/05/2017 18:41:30 Paris (AFP) © 2017 AFP
Pierre Charon, secrétaire national LR chargé de la chasse et sénateur, a estimé jeudi que la nomination de Nicolas Hulot au ministère de l'Écologie était « une véritable provocation pour les chasseurs et les ruraux ».
« Comment le président de la République peut-il à la fois vouloir remettre les chasses présidentielles et nommer un ministre d'État anti-chasse ? » a demandé dans un communiqué M. Charon, qui sous le quinquennat de Nicolas Sarkozy était chargé des chasses présidentielles et présidait le domaine de Chambord (Loire-et-Cher).
« Le double langage du président de la République est particulièrement choquant pour ceux qui ont cru aux promesses qu'il a faites à l'Assemblée générale des chasseurs le 14 mars », selon lui. Venu à cette Assemblée, le candidat Emmanuel Macron avait alors affirmé sa volonté de les chasses présidentielles, remplacées par des battues de depuis 2010.
« J'ai eu l'impression de commettre une forfaiture disant que j'étais favorable à la réouverture des chasses présidentielles, de manière encadrée, transparente » avait alors déclaré l'ancien ministre de l'Économie
La Fédération nationale des chasseurs a elle aussi parlé de « provocation » et dit d'avoir « le Premier ministre de l' anti-chasse » mercredi, après la nomination de Nicolas Hulot.

EN FRANCE, AU MILLIARD D'ANIMAUX TUÉS PAR L'INDUSTRIE DE LA VIANDE, IL FAUT AJOUTER LES MILLIONS D'ANIMAUX TUÉS POUR LA CHASSE DE LOISIR. SOUS PRÉTEXTE DE « RÉGULER » UNE NATURE QUI SE « RÉGULAIT » TRÈS BIEN TOUTE SEULE, SE CACHENT DES MOTIFS FALLACIEUX PORTÉS PAR UN PUISSANT LOBBY QUI S'IMPOSE JUSQU'AU PLUS HAUT SOMMET DE L'ÉTAT.

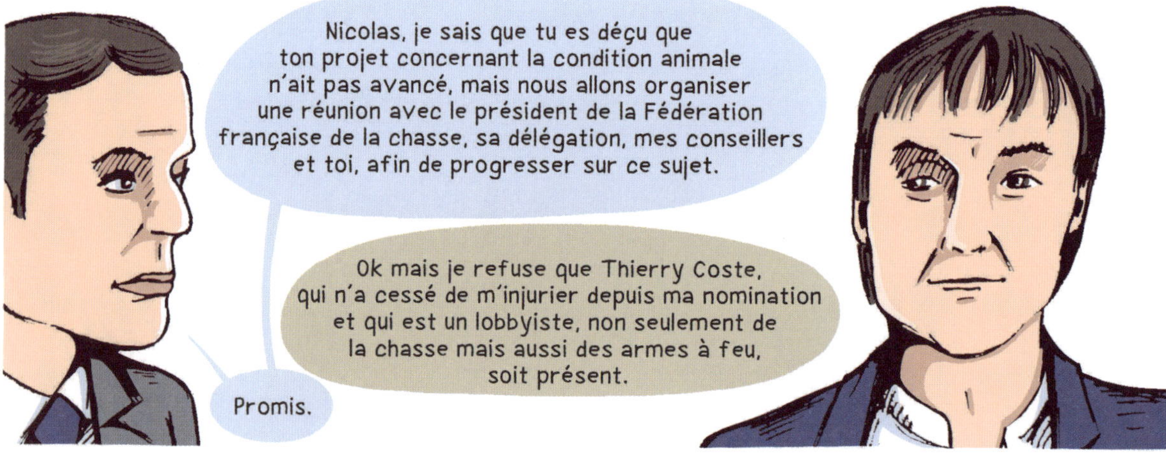

Monsieur le Président de la République, Emmanuel Macron.
Bonjour, mes amis !
Monsieur Thierry Coste !
QUOI ?
Thierry, comment ça va ?
Bonjour Emmanuel.
Qu'est-ce que je fais... je pars tout de suite ou pas ?
Emmanuel, que fait ce monsieur ici alors qu'il n'est pas invité ?

Je ne sais pas, il y a dû y avoir un malentendu.
Si ces messieurs veulent bien se donner la peine d'entrer dans la salle de réunion ?

Monsieur le Président, voici donc, comme nous en avons convenu lors de nos réunions précédentes...
Ah parce qu'il y a eu des réunions précédentes auxquelles je n'étais pas convié, en plus ?
... nos revendications pour que les relations entre votre gouvernement et les chasseurs soient au beau fixe. Nous souhaitons la baisse du permis de chasse, l'élargissement des périodes de chasse aux oies,...
Alors que les experts disent au contraire qu'il faut les réduire !
... que certaines espèces ne soient plus considérées comme « en danger » car dans ce cas, elles ne sont pas chassables...
Mais il faut leur laisser le temps de se régénérer !
... que les renards soient ajoutés à la liste des nuisibles afin que nous puissions les chasser hors des périodes restrictives...
Que vont-ils encore leur faire subir ?
... et que nous obtenions un siège au conseil d'administration de l'Agence française pour la biodiversité.
C'est un cahier de doléances, ma parole !

WILLY SCHRAEN, PRÉSIDENT DE LA FÉDÉRATION NATIONALE DES CHASSEURS.
Enfin, Monsieur le Président, que nous ayons la possibilité de travailler avec la Justice sur la pénalisation de l'entrave au droit de poursuite, c'est-à-dire que des propriétaires de terrains ne puissent plus empêcher les chasseurs de chasser sur leurs terres !
Et dernière chose, Monsieur le Président, j'ai le plaisir de vous présenter notre nouvelle campagne de communication qui sera dans le métro demain matin.
Les chasseurs,
premiers écologistes
de France ?
www.chasseurdefrance.com
« Les chasseurs, premiers écologistes de France ? »
C'est une plaisanterie, j'espère ?
Tout cela me semble très bien. Nous allons demander au ministre de la Transition écologique ce qu'il en pense et qu'il nous fasse une synthèse.

Monsieur le Président, je ne comprends pas pourquoi Monsieur Coste est admis à cette réunion et la synthèse, vous l'avez apparemment déjà établie puisque les décisions semblent avoir été prises auparavant et sans que j'en sois informé.
Bon, je vous laisse discuter entre vous pendant que je raccompagne le député François Patriat.
Je n'aurai qu'une chose à dire...
... ce monsieur n'a aucune légitimité et ne devrait pas être dans ce lieu !

Nicolas ?
Nicolas, attends !
Où vas-tu ?
J'en peux plus là. Ce coup que vous venez de me faire...!
Ne sois pas fâché, on peut parler.
Qu'est-ce que ce chasseur lobbyiste fait ici ?
Je ne sais pas.
Emmanuel, je crois qu'on ne se comprendra plus.
Nous avons un problème de démocratie.

Qui a vraiment le pouvoir ? Qui gouverne ?

NOTRE PAYS DÉTIENT LE RECORD EUROPÉEN DU NOMBRE DE CHASSEURS : 1,2 MILLION D'AFICIONADOS EN 2018, DONT 98 % SONT DES HOMMES. MAIS AVEC LA BAISSE DU PRIX DU PERMIS DE CHASSE ACCORDÉE PAR LE PRÉSIDENT EMMANUEL MACRON, LA DEMANDE A NETTEMENT AUGMENTÉ EN 2019. COMMENT S'EN RÉJOUIR ALORS QUE LA BIODIVERSITÉ AGONISE ?

PREMIERS ÉCOLOGISTES DE FRANCE ?

A tué le dernier ours des Alpes en 1921 puis Cannelle, l'ultime ourse autochtone des Pyrénées, en 2004 (bien que la chasse à l'ours ait été interdite en 1972).

Élimine 10 à 15 millions d'oiseaux sauvages par an dont plus de la moitié concerne des espèces menacées qui n'ont sûrement pas besoin d'être « régulées » (exemple : la tourterelle des bois, 90 000 pertes annuelles).

Abat 4 millions de mammifères chaque année dont des espèces en déclin comme le lapin de garenne ou le putois d'Europe.

Prend pour cible des animaux comme les chamois et les ragondins qui ne causent aucun problème écologique.

S'acharne sur le renard (environ 500 000 sont abattus annuellement) parce que celui-ci mange les petits gibiers comme le faisan, que les chasseurs jettent dans la forêt... pour leur usage personnel.

Lâche 20 millions d'animaux d'élevage chaque année dans la nature pour le plaisir de la gâchette, or ces animaux, élevés dans des conditions effroyables, sont des cibles faciles à atteindre car ils ne sont pas du tout préparés à la vie sauvage (quand ils ne sont pas tués par les chasseurs, ils meurent de faim en quelques jours).

Lâche 20 millions d'animaux d'élevage chaque année dans la nature (bis) mais affirme qu'il faut « réguler » celle-ci.

Qualifie de « nuisibles » des espèces comme les belettes, les fouines ou les martres qu'aucun biologiste ne juge de la sorte.

Disperse 5 000 à 10 000 tonnes de plomb dans nos forêts chaque année.

A fait 132 victimes en France sur la saison 2017-2018 dont 7 morts.

ALORS, C'EST QUI LE VRAI « NUISIBLE » DANS LA NATURE ?

AVEC UN TEL PALMARÈS, POURQUOI FAIRE DES CADEAUX À CEUX DONT L'ACTIVITÉ CONSISTE À TUER SANS JUSTIFICATION ?

Le cursus des hommes politiques est monolithique puisqu'ils viennent d'écoles comme l'ENA où le développement durable est optionnel ! Ils sont persuadés que le progrès, issu de la croissance, est irréversible alors que les rapports de la Banque mondiale sur les scénarios du XXIe siècle concluent tous à l'effondrement de l'économie mondiale si les changements climatiques nous échappent.
FG-123-AF
SD 123 AA

PROTÉGER LES CHASSEURS PLUTÔT QUE LA BIODIVERSITÉ EST UN NON-SENS ENVIRONNEMENTAL ET UNE DÉCISION POLITIQUE CONTESTABLE PUISQU'ELLE NE SATISFAIT QUE 1,5 % DE LA POPULATION. L'OPINION PUBLIQUE, ELLE, SE MONTRE DE PLUS EN PLUS RÉTIVE AUX PRATIQUES DE CHASSE TANT ELLES SONT DÉSASTREUSES POUR LES ÊTRES VIVANTS DU MONDE ENTIER.

C'est un Américain qui vient tous les ans ici, pour chasser « son » ours !
Mais non !?
Prêt pour la balade, Nicolas ?

Le paysage est d'une beauté à couper le souffle !
Mais... cet ours est blessé !
Il saigne abondamment ! On dirait qu'on lui a tiré dessus... Il n'a aucune chance de survie, tout seul sur la banquise...

HOTEL

... et là, j'ai vu cet ours gigantesque et je l'ai eu d'un seul coup ! Pam !

Crétin des Alpes ! T'as même pas été capable de le tuer et je l'ai vu cet ours, il est en train de se traîner sur la banquise, sa patte est gangrenée et il va mourir dans d'atroces souffrances !

DÉVELOPPER DES RÉSERVES INTÉGRALES, SANS INTERVENTION HUMAINE, PERMETTRAIT DE PRÉSERVER LE VIVANT, MAIS POUR LE MOMENT, ELLES SONT RARES. EN ATTENDANT, DES HÉROS SOLITAIRES TENTENT, DANS LE MONDE ENTIER ET AU PÉRIL DE LEUR EXISTENCE, DE SAUVER CE QUI PEUT ENCORE L'ÊTRE.

Dian Fossey naît le 16 janvier 1932 à San Francisco. Très vite, elle développe une passion pour les animaux qui lui permet d'oublier la sévérité de son beau-père.
Elle entame des études de comptabilité avant de renoncer et de tenter un cursus pour devenir vétérinaire. Elle échoue et s'oriente finalement vers la thérapie.
Une fois diplômée, elle quitte San Francisco et rejoint le Kentucky pour travailler dans un hôpital auprès d'enfants autistes.
En 1963, elle emprunte de l'argent et s'envole pour un voyage de 6 mois en Afrique, un continent dont elle rêve depuis des années. C'est le choc : Dian se découvre une passion pour les grands singes et se forme à la zoologie.
En 1967, elle installe son campement de recherches dans la jungle et trois ans plus tard, elle établit le premier geste amical connu entre un gorille et un humain.
Quand Digit, son gorille préféré, est massacré par des braconniers en 1970, elle fait la couverture du *National Geographic* pour dénoncer les dangers qui pèsent sur les grands singes.
En 1983, elle publie *Gorilles dans la brume*, un livre dans lequel elle raconte ses 13 années passées auprès d'eux.
MIST Dian Fossey
GORILL
IN THE
Dian Fossey
Le 27 décembre 1985, Dian est assassinée à la machette alors qu'elle se trouvait seule chez elle, probablement victime des braconniers. Elle est enterrée dans le cimetière qu'elle avait dédié à ses gorilles et à Digit, près de sa hutte, dans la forêt.
DIAN FOSSEY
1932-1985
NO ONE LOVE
GORILLAS
MORE
DIGIT
1965-1977

DIAN FOSSEY A PERMIS À LA COMMUNAUTÉ INTERNATIONALE DE DÉCOUVRIR LA VULNÉRABILITÉ DES GRANDS SINGES QUI SONT SUR LA LISTE DES ANIMAUX LES PLUS MENACÉS AU MONDE (70 % DES GORILLES ONT DISPARU EN SEULEMENT 20 ANS !). GRÂCE À SON LIVRE – QUI DEVIENDRA UN BEST-SELLER PUIS UN FILM À SUCCÈS – ELLE ENTRERA DANS L'HISTOIRE, MAIS DE NOMBREUX ACTIVISTES SONT ASSASSINÉS CHAQUE ANNÉE (212 EN 2019, TRISTE RECORD), SANS HOMMAGE PARCE QU'ILS NE S'APPELAIENT PAS JOHNNY HALLYDAY.

PAULO PAULINO GUAJAJARA
(1993-2019)

Surnommé « le loup », Paulo était un indien Guajajara et l'un des responsables de l'ONG Gardiens de la forêt au Brésil, une organisation qui s'oppose à l'exploitation illégale de la forêt, dont plusieurs membres ont été tués. Il a été froidement abattu d'une balle dans la tête, à 26 ans, le 1er novembre 2019.

Ce Sud-Africain avait créé en 2009 une association de protection de la nature (la PAMS, Protected Area Management Solutions) spécialisée dans la lutte contre le braconnage, grâce à laquelle il avait démantelé de vastes réseaux de trafiquants. Après avoir reçu de nombreuses menaces de mort, il a été assassiné à 51 ans, le 16 août 2017.

WAYNE LOTTER
(1965-2017)

BERTA CÁCERES
(1973-2016)

Défenseure de l'environnement et des droits humains, elle a fondé le Conseil citoyen des organisations des peuples amérindiens du Honduras (COPINH) en 1993, pour résister à des projets de mines et de barrages hydrauliques. Parmi ses combats, celui contre le projet de barrage d'Agua Zarca qui mettait en danger sa communauté, le peuple autochtone Lenca. Honorée du prestigieux prix Goldman pour l'environnement en 2015, mais constamment menacée et agressée, elle a été tuée le 2 mars 2016, à 43 ans.

MIA MASCARINAS-GREEN
(1968-2017)

Avocate engagée, Mia dédiait son travail à la défense de l'environnement, des femmes, des enfants et à l'ONG Environmental Legal Assistance Center (ELAC) aux Philippines, l'un des pays les plus meurtriers au monde pour les militants écologistes. Menacée de mort, elle a été abattue en pleine rue, le 15 février 2017, devant ses 3 enfants. Elle avait 49 ans.

ISIDRO BALDENEGRO LÓPEZ
(1966-2017)

Exécuté le 17 janvier 2017, à 51 ans, Isidro était issu de la communauté indigène des Tarahumara du Mexique et lauréat du prix Goldman pour l'environnement en 2005. Sa lutte pour les droits humains et contre l'exploitation forestière l'avait mené en prison, mais il n'avait jamais cessé de se battre pour défendre la terre de ses ancêtres, tout comme son père avant lui, assassiné lui aussi...

EMILSEN MANYOMA
(1985-2017)

Militante afro-colombienne pour la paix et contre le racisme, membre de l'organisation Conpaz, une communauté d'indigènes et de paysans, Emilsen n'avait pas froid aux yeux puisqu'elle s'opposait aussi bien aux grandes entreprises minières et agroalimentaires qu'aux groupes paramilitaires. Elle a été massacrée à l'arme blanche, en même temps que son compagnon Joe Javier Rodallega, à l'âge de 31 ans.

CHUT WUTTY
(1972-2012)

Militant de la cause environnementale, il a fondé le Natural Resource Protection Group (NRPG) pour protéger la forêt et les ressources naturelles au Cambodge. Condamnant le rôle présumé de l'armée dans l'exploitation forestière illégale ainsi que la corruption gouvernementale, il a été assassiné le 26 avril 2012, à l'âge de 40 ans.

DÉFENDRE LA NATURE, C'EST DÉFENDRE L'ÊTRE HUMAIN. CE N'EST PAS UN COMBAT SECONDAIRE, OPTIONNEL, À REMETTRE À PLUS TARD, C'EST UN COMBAT PRIORITAIRE CAR SI LA NATURE PEUT SE PASSER DE NOUS, NOUS NE POUVONS NOUS PASSER D'ELLE, MAIS LE TEMPS PRESSE !

ÉTAT DES LIEUX.

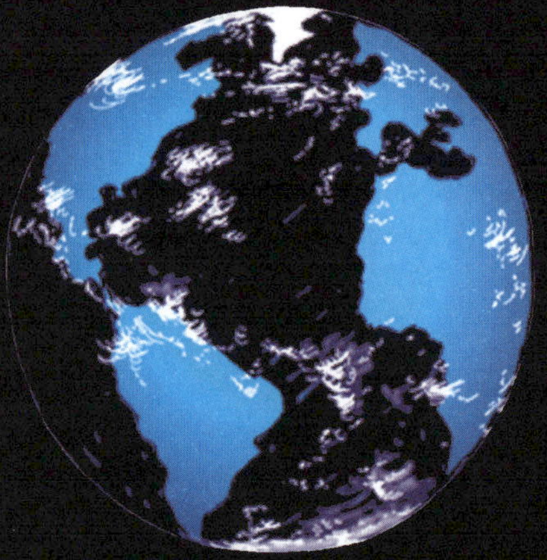

La lithosphère : l'enveloppe rigide de la Terre

Notre civilisation industrielle ne fonctionne que sur l'extraction en continu de matières premières et de combustibles fossiles. Or, sur une planète finie, leurs stocks ne sont pas infinis. La ressource non renouvelable la plus utilisée est, bien sûr, le pétrole. L'humanité en a consommé près de 1 300 milliards de barils dans le passé et au rythme de production actuelle, les réserves sont estimées à environ 51 ans. Pour pallier ce manque à venir, l'industrie s'est tournée vers des hydrocarbures non conventionnels, comme les pétroles de schiste ou les sables bitumineux du Canada, dont l'exploitation dévaste les écosystèmes.

L'hydrosphère : l'ensemble des eaux de la Terre

Au rythme actuel de la pêche intensive, il y aura davantage de plastique que de poissons dans les mers du globe en 2050, et 80 % des espèces de poissons sont surexploitées, ce qui les empêche de se régénérer. Les océans se réchauffent plus vite que prévu parce qu'ils absorbent une grande part des gaz à effet de serre, mais en se réchauffant, le niveau des mers augmente et les coraux meurent, ce qui entraîne la disparition des espèces qui s'en sustentent. La pollution marine est telle qu'un septième continent, entièrement constitué de déchets, s'est formé au large du Pacifique. Sa superficie fait 300 000 kilomètres carrés.

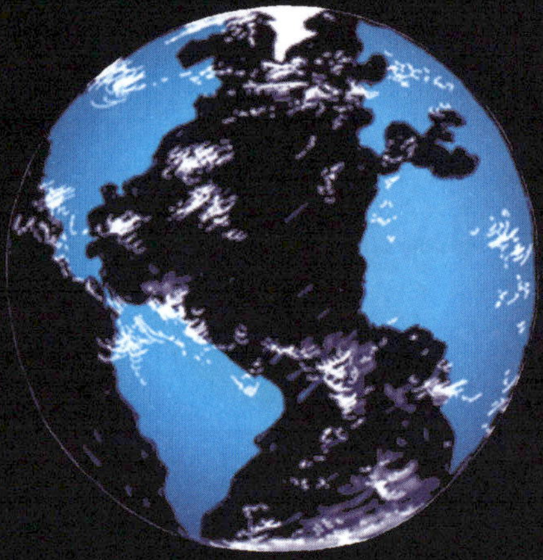

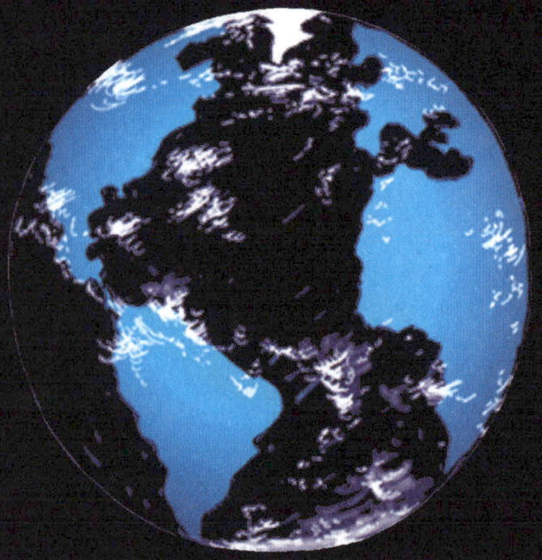

La pédosphère : l'ensemble des sols de la Terre

Plus de 75 % des terres émergées de notre planète sont en état de dégradation avancée et devenues désertiques ou polluées, du fait de la déforestation et de l'agriculture intensive. La biodiversité qu'elles abritaient disparaît. Les zones humides du globe sont les plus touchées, principalement en raison de de la demande exponentielle en huile de palme, alors que leur disparition accentue le dérèglement climatique.

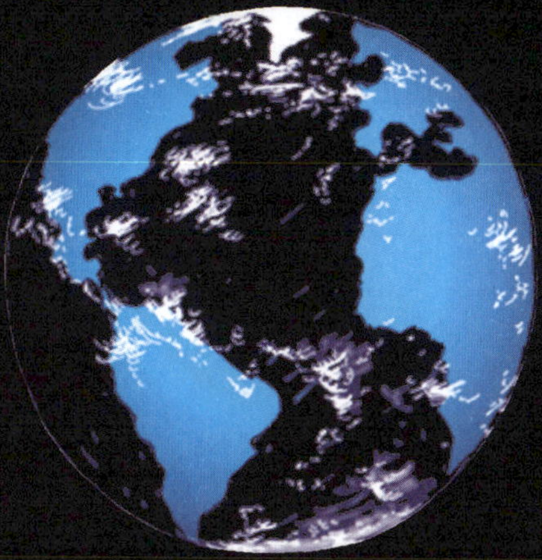

La biosphère : l'ensemble du vivant sur la Terre

Comme nous l'avons vu, la biodiversité, si on exclut l'humanité et les animaux destinés aux abattoirs, est au plus mal. Selon le rapport « Planète vivante » du WWF de 2020, entre 1970 et 2016, la taille moyenne des populations de vertébrés sauvages a décliné de 68 %. Autrement dit, en moins d'un demi-siècle, les effectifs de plus de 20 000 populations de mammifères, d'oiseaux, d'amphibiens, de reptiles et de poissons ont chuté des deux tiers.

L'atmosphère : l'enveloppe gazeuse de la Terre

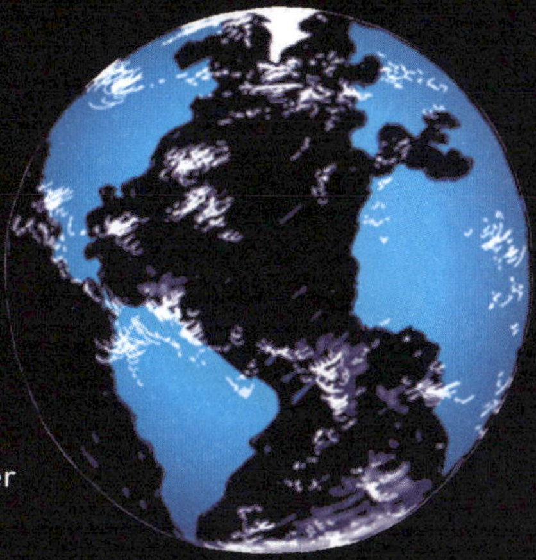

Les activités humaines, par un rejet massif de gaz à effet de serre dans l'atmosphère, ont modifié sa composition chimique, au point que le climat sort de sa stabilité. L'inertie climatique, c'est-à-dire le temps de réaction entre ces rejets anthropiques et la modification de sa composition, n'est pas immédiate, mais estimé dans le rapport du GIEC (Groupe d'experts intergouvernemental sur l'évolution du climat) de 2018, à 10 à 20 ans, ce qui signifie que le climat d'aujourd'hui réagit aux émissions humaines... d'il y a 10 à 20 ans. Les 30 dernières années ont connu les températures les plus chaudes depuis 1 400 ans dans l'hémisphère Nord, et 14 des 15 années les plus chaudes concernent toutes le XXIe siècle qui n'a que 21 ans !
Ce même rapport du GIEC estime que la température pourrait augmenter jusqu'à +5,5 °C à la fin du siècle, quand une nouvelle étude française de 2019 envisage un scénario plausible de +7 °C.

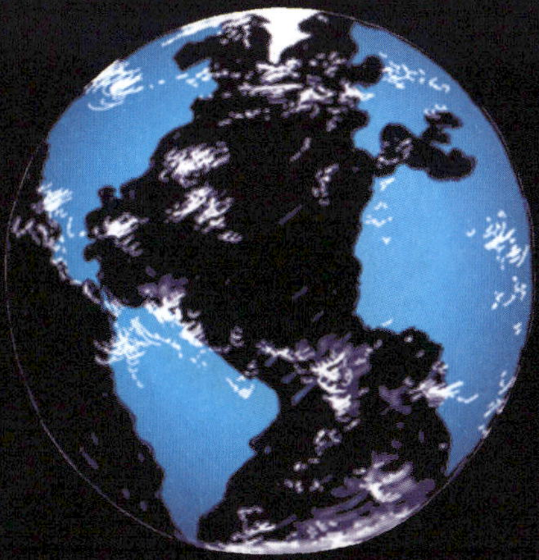

La cryosphère : l'ensemble des glaces de la Terre

Le réchauffement climatique a provoqué la disparition de 9 000 milliards de tonnes de glace depuis 1961. Dans les Alpes, les glaciers pourraient disparaître à 90 % d'ici la fin du siècle, si les émissions continuent au rythme actuel. De plus, les chercheurs ont noté une forte accélération du phénomène durant les 10 dernières années ainsi que le début de la fonte du pergélisol (*permafrost* en anglais) qui désigne les sols constamment gelés des régions arctiques. Or ces sols renferment des virus inconnus, prisonniers depuis des millénaires, et des quantités énormes de carbone et de méthane, un gaz 23 fois plus réchauffant que le CO_2. La libération de ces gaz accélère le réchauffement climatique qui lui-même... fait fondre le pergélisol.

LE CHANGEMENT CLIMATIQUE REPRÉSENTE UNE MENACE PLANÉTAIRE CONCRÈTE, QUI DEVRAIT TOUS NOUS ALARMER, D'AUTANT QUE CHAQUE DEMI-DEGRÉ COMPTE PUISQUE 5 DEGRÉS SEULEMENT SÉPARENT LE CLIMAT ACTUEL DE CELUI DE LA DERNIÈRE ÈRE GLACIAIRE, IL Y A 11 000 ANS.

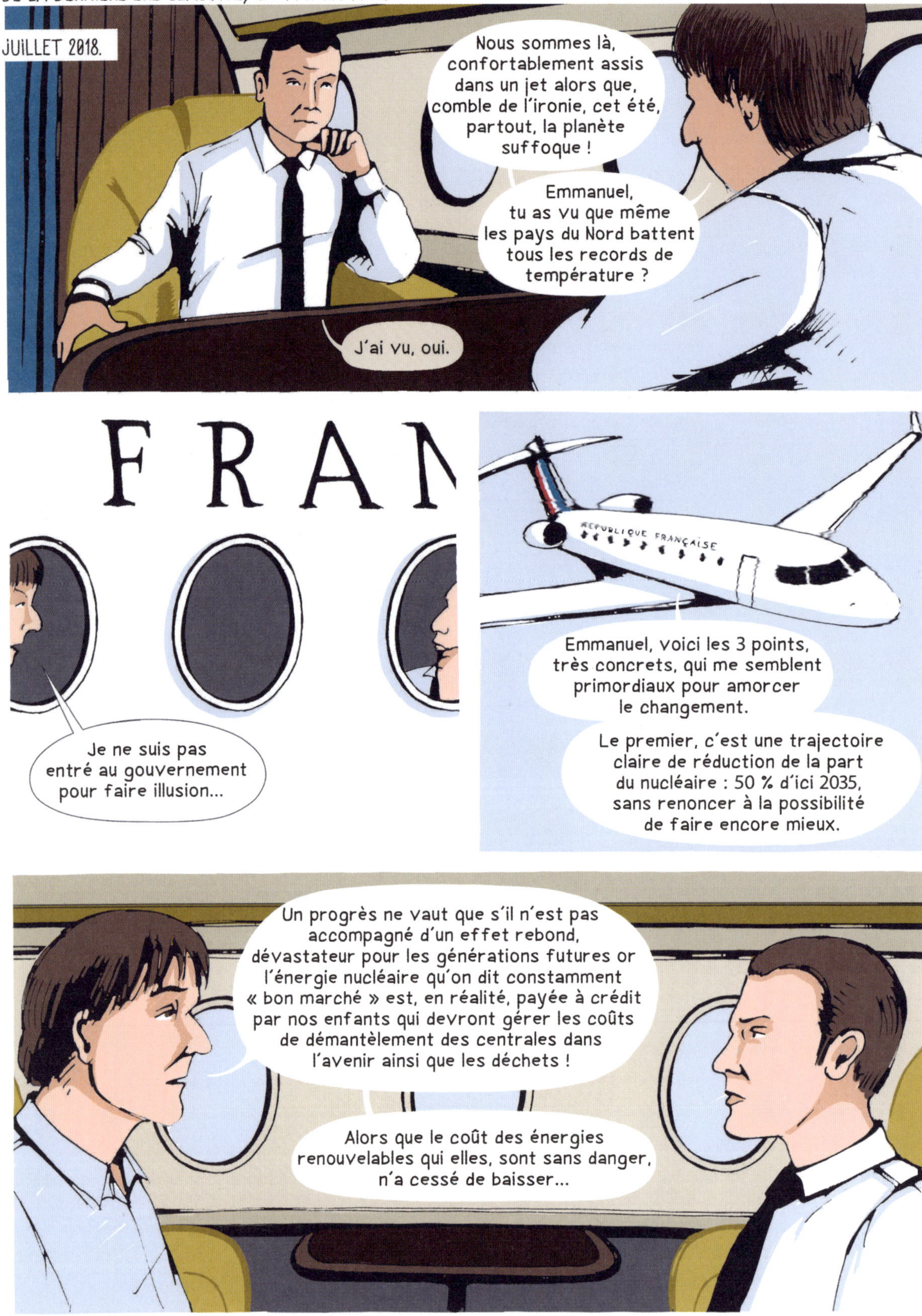

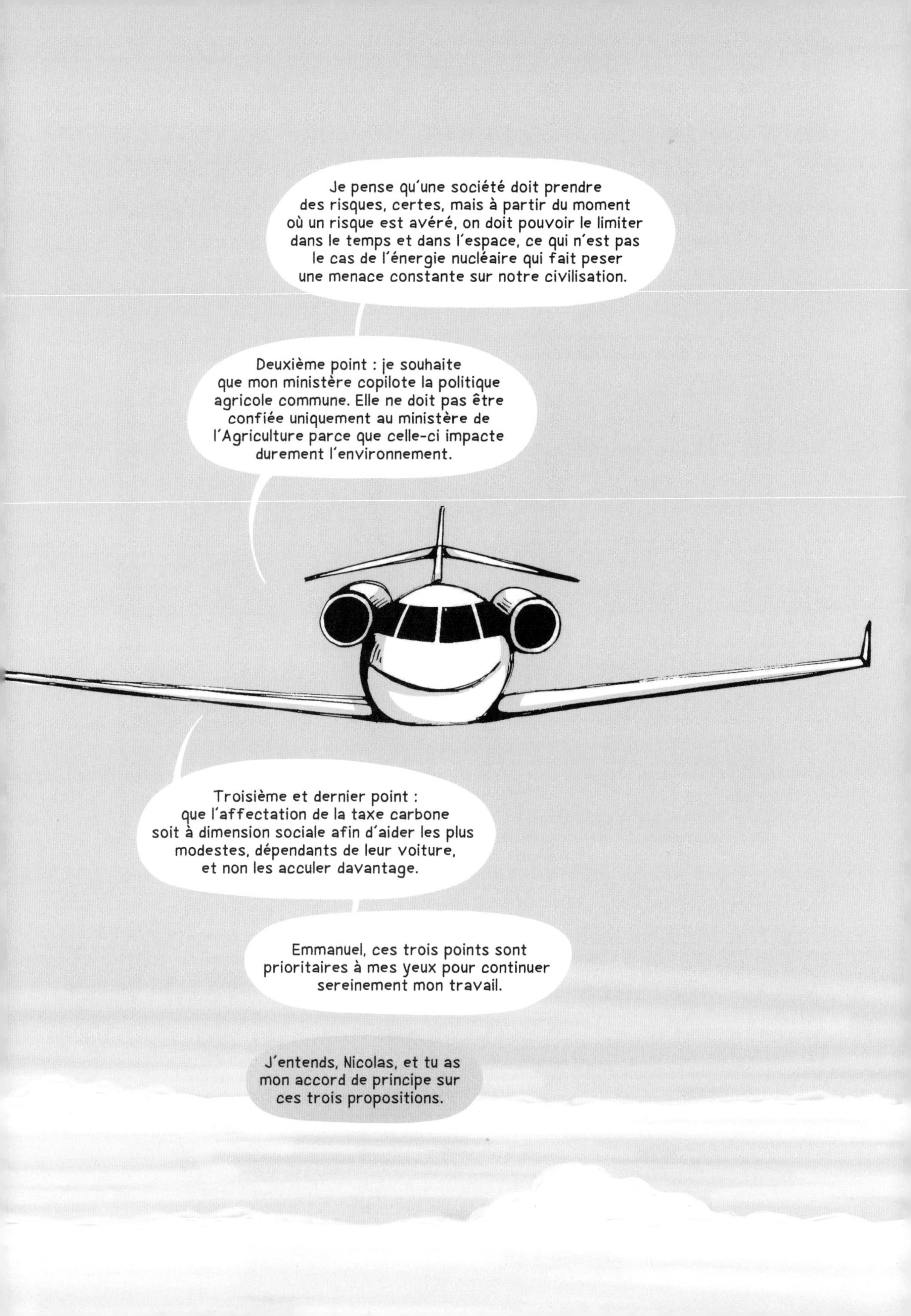
Je pense qu'une société doit prendre des risques, certes, mais à partir du moment où un risque est avéré, on doit pouvoir le limiter dans le temps et dans l'espace, ce qui n'est pas le cas de l'énergie nucléaire qui fait peser une menace constante sur notre civilisation.
Deuxième point : je souhaite que mon ministère copilote la politique agricole commune. Elle ne doit pas être confiée uniquement au ministère de l'Agriculture parce que celle-ci impacte durement l'environnement.
Troisième et dernier point : que l'affectation de la taxe carbone soit à dimension sociale afin d'aider les plus modestes, dépendants de leur voiture, et non les acculer davantage.
Emmanuel, ces trois points sont prioritaires à mes yeux pour continuer sereinement mon travail.
J'entends, Nicolas, et tu as mon accord de principe sur ces trois propositions.

UN DEMI-DEGRÉ DE PLUS OU DE MOINS DANS NOTRE VIE QUOTIDIENNE, ÇA SEMBLE DÉRISOIRE, MAIS IL S'AGIT D'UNE MOYENNE SUR L'ENSEMBLE DU GLOBE QUI NE SE RÉPARTIT PAS DE FAÇON UNIFORME ET QUI NE SE MANIFESTE PAS COMME UN SIMPLE « RÉCHAUFFEMENT », MAIS PLUTÔT COMME UN « DÉRÈGLEMENT ». IL FAUT DONC SE GARDER DE NE PENSER QU'À SA PAROISSE (SURTOUT QUAND ON PORTE LA LOURDE RESPONSABILITÉ DE CE QU'ON MET DANS LA TÊTE DES GENS).

ÉMISSION *L'HEURE DES PROS*, CNEWS, 6 MAI 2019.

ALORS QUE LES ÉTATS ET LES MULTINATIONALES PÉTROLIÈRES SONT AU COURANT DE CE DANGER MORTIFÈRE DEPUIS LA FIN DES ANNÉES 1970, ILS ONT VOLONTAIREMENT PRIVILÉGIÉ LEURS INTÉRÊTS ÉCONOMIQUES AUX DÉPENS DE L'INFORMATION DU PUBLIC ET, PLUS GRAVE, DE L'HABITABILITÉ DE LA TERRE. UN TEMPS INFINIMENT PRÉCIEUX A ÉTÉ PERDU. LA TEMPÉRATURE A PROGRESSÉ DE 1°C DEPUIS LE DÉBUT DE L'ÈRE INDUSTRIELLE ET DÉSORMAIS, MÊME SI TOUS LES PAYS TENAIENT LES ENGAGEMENTS PRIS LORS DE L'ACCORD DE PARIS, UNE AUGMENTATION DE 1,5°C SERA ATTEINTE ENTRE 2030 ET 2050, SANS QUE PERSONNE NE MAÎTRISE LES POSSIBLES RISQUES D'EMBALLEMENT.

CHAQUE DEGRÉ SUPPLÉMENTAIRE ACCENTUE LE DANGER, CHAQUE ANNÉE PERDUE AGGRAVE LA SITUATION.
NOUS NE SOMMES PAS FACE À UNE CRISE QU'IL SUFFIRAIT DE RÉGLER À COUPS D'INVENTIONS TECHNOLOGIQUES, ET LE PLUS TARDIVEMENT SI POSSIBLE. NOUS SOMMES FACE AUX CONSÉQUENCES D'UN DOGME ÉCONOMIQUE MONDIAL QUI A BOULEVERSÉ CE QUE NOUS PENSIONS IMMUABLE : UN CLIMAT, JUSQU'À PRÉSENT STABLE, QUI A SERVI NOTRE SPECTACULAIRE ÉVOLUTION.

AUJOURD'HUI, LES PAYS RICHES REFUSENT L'ACCUEIL À QUELQUES MILLIERS DE PERSONNES QUI CHERCHENT À FUIR LA GUERRE OU LA MISÈRE, MAIS DEMAIN, DES MILLIONS DE GENS CHERCHERONT REFUGE AU MILIEU DU CHAOS.

LE DÉCOUVRIR, C'EST SORTIR DE SA ZONE DE CONFORT...

… ET C'EST DOULOUREUX. ON NOMME « SOLASTALGIE » LA SOUFFRANCE PSYCHIQUE QUI FAIT SUITE À LA PRISE DE CONSCIENCE DES BLESSURES INFLIGÉES À LA TERRE. PARFOIS ACCOMPAGNÉE D'UN SENTIMENT D'IMPUISSANCE DEVANT L'IMMENSITÉ DES ENJEUX, DE COLÈRE, D'ANXIÉTÉ OU DE TRISTESSE, VOIRE TOUT CELA À LA FOIS, ELLE EST DE PLUS EN PLUS PARTAGÉE PAR NOS CONTEMPORAINS. ELLE SE HEURTE SOUVENT AU DÉNI ET À L'OPTIMISME FORCENÉ D'UNE SOCIÉTÉ BASÉE SUR LE CRÉDIT.

MINISTÈRE DE LA TRANSITION ÉCOLOGIQUE ET SOLIDAIRE, PRINTEMPS 2018.

Vous avez entendu ce que je viens de dire ?
Tu semblais soulagé que nous ayons obtenu le minimum dans la négociation.
Pourtant, c'est un peu décevant, non ?
Oui. Ils ont gagné ! Je viens de baisser mon seuil d'exigence.
T'es en train de te résigner, Nicolas.
C'est ça, ils m'ont aspiré. Ils ont l'impression de me faire des cadeaux quand ils cèdent à certaines de mes revendications, sans comprendre qu'il ne s'agit pas d'un enjeu individuel mais d'un changement de système qui est nécessaire, pour notre bien à tous.

LA LUCIDITÉ ENGENDRE DE LA DOULEUR, MAIS AUSSI DE LA CULPABILITÉ PARCE QUE NOTRE MODE DE VIE ET TOUTES NOS HABITUDES SE RETROUVENT SUR LE BANC DES ACCUSÉS. CE RESSENTI INTÉRIEUR N'EST PAS DE LA RESPONSABILITÉ DES LANCEURS D'ALERTE QUI NE FONT QUE TÉMOIGNER DE L'ÉTAT DU MONDE, IL EST INHÉRENT À LA PRISE DE CONSCIENCE.

*EXISTE AUSSI EN VERSION « TU FERAIS MIEUX DE T'OCCUPER DES ENFANTS QUI ONT FAIM ».

MAISON DE LA RADIO À PARIS, MARDI 28 AOÛT 2018, 8 HEURES DU MATIN.

J'aurais une réponse qui est très brève : non.
C'est impossible à expliquer ?
Je ne comprends pas que nous assistions à la gestation d'une tragédie bien annoncée dans une forme d'indifférence. La planète est en train de devenir une étuve, nos ressources naturelles s'épuisent, la biodiversité fond comme la neige au soleil et ce n'est pas toujours appréhendé comme un enjeu prioritaire et surtout, mais ce que je dis vaut pour la communauté internationale, on s'évertue à entretenir, voire à réanimer, un modèle économique marchand qui est la cause de tous ces désordres.
Il y a l'apathie de la communauté internationale, Nicolas Hulot, et puis il y a le gouvernement auquel vous appartenez. Dimanche dernier, le Premier ministre a donné une grande interview, est-ce que vous avez sursauté en voyant que sur 3 pages, il n'y avait pas un mot sur l'écologie ?
Je n'ai pas sursauté parce que c'est coutumier et que la pression du court terme sur les dirigeants est si forte qu'elle préempte les enjeux de moyen ou de long terme. C'est la vérité. Parce que, sur le bureau d'un Premier ministre, il y a des exigences sociales, il y a des exigences humanitaires, j'allais dire, qui légitimement, relèguent toujours sur le côté les enjeux du long terme, qui prennent notre société de court parce que c'est une telle remise en cause ! C'est un enjeu culturel, sociétal, civilisationnel or on ne s'est pas du tout mis en ordre de marche pour l'aborder comme cela.
Est-ce que, derrière moi, j'ai une union nationale sur un enjeu qui concerne l'avenir de l'humanité et de nos propres enfants ? Est-ce que les grandes formations politiques et l'opposition sont capables à un moment ou à un autre de se hisser au-dessus de la mêlée pour se rejoindre sur l'essentiel ? Est-ce que la responsabilité, c'est simplement la responsabilité du gouvernement, est-ce que c'est simplement la mienne ? Nous poursuivons des objectifs qui sont totalement contradictoires et incompatibles. Nous faisons des petits pas et la France en fait beaucoup plus que d'autres pays, mais est-ce que les petits pas suffisent à endiguer, inverser, et même à s'adapter parce que nous avons basculé dans la tragédie climatique ? La réponse est non.

La question fondamentale qu'il faut se poser : Est-ce que nous avons commencé à réduire nos émissions de GES ? La réponse est non. Est-ce que nous avons commencé à réduire l'utilisation des pesticides ? La réponse est non. Est-ce que nous avons commencé à enrayer l'érosion de la biodiversité ? La réponse est non. Est-ce que nous avons commencé à nous mettre en situation d'arrêter l'artificialisation des sols ? La réponse est non.
Est-ce que vous restez au gouvernement de ce fait-là ?
Je vais prendre la décision la plus difficile de ma vie. Je ne veux plus me mentir. Je ne veux pas donner l'illusion que ma présence au gouvernement signifie qu'on est à la hauteur sur ces enjeux-là et donc, je prends la décision de quitter le gouvernement.
Vous êtes sérieux, là ?
Oui, je suis sérieux.
La responsabilité est collégiale, collective, sociétale et j'espère que cette décision qui est lourde, qui me bouleverse, qui mûrit depuis de longs mois, ne profitera pas à des joutes ou à des récupérations politiciennes, mais à ce que notre société se retrouve sur l'essentiel. J'ai une immense amitié pour ce gouvernement auprès duquel je m'excuse de le faire d'une mauvaise manière, mais sur un enjeu aussi important, je me surprends tous les jours à me résigner, tous les jours, à m'accommoder des petits pas alors que la situation universelle, au moment où la planète devient une étuve, mérite qu'on se retrouve et qu'on change d'échelle, qu'on change de scope, qu'on change de paradigme.

Je décide de prendre cette décision d'honnêteté et de responsabilité mais, j'insiste bien, je souhaite que personne ne récupère et ne fustige le gouvernement parce que, à l'observation, c'est l'ensemble de la société, moi inclus, qui portons nos contradictions. C'est une accumulation de déceptions mais c'est surtout parce que je n'y crois plus, pas en l'état, pas dans ce mode de fonctionnement, pas tant que l'opposition ne sera pas capable de se hisser au-dessus des querelles habituelles pour se retrouver sur un sujet qui est un enjeu supérieur, qui détermine tout.
On me dit « Prends ton temps, sois patient » mais ça fait 30 ans qu'on est patient ! Ça fait 30 ans qu'on laisse les phénomènes se dérouler, ils sont en train de nous échapper ! Posons-nous la question de notre propre responsabilité, de nos propres contradictions. Pardon de vous le dire mais en tant que citoyen aussi, on peut se poser la question...
Est-ce qu'on est capable sur ce sujet-là de parvenir à une forme d'union nationale parce que c'est l'avenir de nos propres gamins qui est en cause ! Vous croyez que la situation climatique s'accommode des petits pas ? Vous croyez que l'état de la planète s'accommode des petits pas ? Vous croyez que les inégalités qui s'exposent dans un monde qui aujourd'hui est connecté s'accommodent des petits pas ?
Souvent, on me disait « T'es content, on a fait ce que tu as demandé ? » mais moi, c'est pas ça que j'avais envie d'entendre ! J'avais pas envie d'entendre qu'on faisait les choses pour me faire plaisir ! J'avais envie d'entendre qu'on faisait les choses parce qu'on avait compris la gravité de la situation.
Inte

radiofrance
L'humanité a tous les outils techniques et technologiques pour faire un saut qualitatif. Elle n'a pas encore perdu la main mais tout se joue dans les 10 ans qui viennent. J'espère que mon acte n'est pas un acte de résignation. Il est un acte de mobilisation qui, je l'espère, provoquera un sursaut.
radiofrance
CLIC
Thierry, nous allons au ministère, s'il vous plaît.
Pardonnez-moi l'expression Monsieur le Ministre mais... vous avez des couilles !

L'ANNÉE 2018 A MARQUÉ UN TOURNANT DANS LE RESSENTI DES CHANGEMENTS CLIMATIQUES (SÉRIE DE CATASTROPHES ENVIRONNEMENTALES, ÉTÉ CANICULAIRE Y COMPRIS DANS LES PAYS DU NORD DE L'EUROPE, DÉMISSION FRACASSANTE DU MINISTRE FRANÇAIS DE L'ÉCOLOGIE, APPEL DE MILLIERS DE SCIENTIFIQUES AU RÉVEIL PLANÉTAIRE, ETC.). DEPUIS, UN VENT DE CONTESTATION SOUFFLE SUR LE MONDE, PORTÉ PAR UNE JEUNESSE CONSCIENTE DES DANGERS QUI PÈSENT SUR SON AVENIR. CETTE JEUNESSE NOUS MOTIVE, MAIS NOUS OBLIGE AUSSI, PARCE QU'ELLE N'EST PAS RESPONSABLE DE LA SITUATION DONT ELLE HÉRITE.

BIEN QUE LÉGITIME, CE MOUVEMENT EST VIOLEMMENT CONTESTÉ PAR CEUX QUI REFUSENT D'ADMETTRE L'IDÉE QUE LA SOCIÉTÉ DANS LAQUELLE ILS POSSÈDENT TOUS LES PRIVILÈGES (ARGENT, GENRE, COULEUR DE PEAU, ÂGE) EST UN COLOSSE AUX PIEDS D'ARGILE. EN ATTENDANT, PATHÉTIQUES ET PUÉRILS, ILS S'EN PRENNENT AUX LANCEURS D'ALERTE POUR ÉVITER LA REMISE EN QUESTION PERSONNELLE.

OK, BOOMERS*.

DANS NOS DÉMOCRATIES LIBÉRALES, NOUS N'AVONS PAS CONNU LA GUERRE DEPUIS PLUS DE 70 ANS ET C'EST HEUREUX. POURTANT, NOUS SOMMES FACE À UNE AUTRE FORME DE GUERRE, INVISIBLE, SOURNOISE, QUI S'OPÈRE LOIN DE NOS YEUX ET DE NOS VILLES. TOUS LES JOURS, PENDANT QUE NOUS NOUS CONGRATULONS POUR NOS CRÉATIONS HUMAINES, QUE NOUS NOUS ÉCHARPONS POUR DES PETITES PHRASES ET QUE NOUS MENONS NOS VIES QUOTIDIENNES, ELLE ABAT DES ARBRES, PILLE LES FONDS MARINS, SUPPRIME LES ESPÈCES ET POLLUE NOS SOLS, NOTRE AIR ET NOS MERS.

Au Zimbabwe, **les éléphants** meurent de faim et de soif, victimes de la sécheresse et de la disparition de leur territoire qui les oblige à se tasser davantage dans moins d'espace.

En Arctique, **des ours polaires** ont envahi un village russe, attirés par la nourriture et probablement contraints par le rétrécissement de leur banquise.

Les oiseaux marins comme **les mouettes**, **les manchots** ou **les macareux** sont les victimes collatérales de la surpêche. Puisque leur nourriture se raréfie, ils se raréfient à leur tour.

25 millions de personnes par an fuient leur pays pour des raisons climatiques et leur nombre s'accroît inexorablement.

LA GUERRE CONTRE LA NATURE EST EN COURS ET ELLE ANNONCE LA GUERRE ENTRE LES HUMAINS. COMMENT LA PAIX POURRAIT-ELLE SE MAINTENIR QUAND L'EAU MANQUERA, QUAND LA MER SERA VIDÉE DE SES POISSONS, QUAND LES VILLES SERONT ÉCRASÉES PAR LA CHALEUR ALORS QUE LES GENS S'ÉCHARPENT DÉJÀ POUR UN POT DE PÂTE À TARTINER (PLEINE D'HUILE DE PALME) OU UN ÉCRAN PLASMA (REMPLI DE MATÉRIAUX RARES) ?

LA GUERRE NÉCESSITE QU'UNE RÉSISTANCE S'ORGANISE, OR ELLE EST BIEN FAIBLE POUR LE MOMENT. SI LA PLUPART D'ENTRE NOUS SOMMES « POUR » L'ÉCOLOGIE, PEU SONT « POUR » CE QU'ELLE IMPLIQUE PARCE QU'ELLE EST SOUVENT CONSIDÉRÉE COMME PUNITIVE. POURTANT, CE QUI S'ANNONCE ET QUI SERA VRAIMENT PUNITIF, C'EST UN CLIMAT COMPLÈTEMENT PERTURBÉ. NOTRE LIBERTÉ – QUE NOUS CONFONDONS SOUVENT AVEC LA POSSIBILITÉ DE RÉALISER NOS DÉSIRS, SANS AUCUNE CONTRAINTE – SE TROUVERA, EN EFFET, TRÈS LIMITÉE QUAND IL FERA 50°C EN ÉTÉ, QUAND LES CÔTES DISPARAÎTRONT SOUS LES EAUX OU QUE LES RESSOURCES SERONT TARIES !

« *IL FAUT BIEN DISTINGUER LA LIBERTÉ NATURELLE QUI N'A POUR BORNES QUE LES FORCES DE L'INDIVIDU, DE LA LIBERTÉ CIVILE QUI EST LIMITÉE PAR LA VOLONTÉ GÉNÉRALE, (...) ON POURRAIT SUR CE QUI PRÉCÈDE AJOUTER À L'ACQUIS DE L'ÉTAT CIVIL LA LIBERTÉ MORALE, QUI SEULE REND L'HOMME VRAIMENT MAÎTRE DE LUI ; CAR L'IMPULSION DU SEUL APPÉTIT EST ESCLAVAGE, ET L'OBÉISSANCE À LA LOI QU'ON S'EST PRESCRITE EST LIBERTÉ.* » JEAN-JACQUES ROUSSEAU, DU CONTRAT SOCIAL

POURQUOI ATTENDRE DES CHINOIS, DES POLITIQUES OU DE NOS VOISINS, UN CHANGEMENT QUE NOUS NE SOMMES PAS CAPABLES D'APPLIQUER NOUS-MÊMES ? L'INCOHÉRENCE EST AUTANT CHEZ LES CITOYENS QUE CHEZ LES POLITICIENS, MAIS L'ASSUMER EST INCROYABLEMENT DIFFICILE PUISQU'ELLE EST SANS CESSE ENCOURAGÉE PAR UNE SOCIÉTÉ MARCHANDE QUI NOUS PRESSE, POUR DES RAISONS ÉCONOMIQUES, D'EXAUCER LA MOINDRE DE NOS ENVIES.
UNE SOCIÉTÉ TELLEMENT MERCANTILE QUE MÊME LE « MORAL » DES GENS EST CALCULÉ SUR DES CRITÈRES DE CONSOMMATION ET DE POUVOIR D'ACHAT.
FRINGUES
R&M
BUY
STORE
STEAK PLACE
VOYAGES
PORTABLE
MODE
SHOES
SHOES
VOL POUR BARCELONE 39€ SEULEMENT
Idylle
CITY
CITY
CITY
CITY
TENDANCES
L'industrie, avec l'aide de la publicité, ne cesse de harceler nos émotions pour faire de nous d'éternels insatisfaits et transformer nos lubies en besoins.

LUTTER CONTRE LE DÉRÈGLEMENT CLIMATIQUE NOUS IMPOSE D'ACCEPTER DES DÉCISIONS COERCITIVES ET CONTRAIGNANTES QUE LES POLITICIENS RECHIGNENT À DÉCRÉTER. NON SEULEMENT PARCE QU'ILS N'Y SONT PAS FAVORABLES PERSONNELLEMENT, QUAND ILS N'ONT PAS PRIS LA MESURE DE L'ENJEU, MAIS AUSSI PARCE QU'ILS SE DOUTENT QU'ELLES SERONT IMPOPULAIRES AUPRÈS DE LEURS ÉLECTEURS. ACCEPTER NOS CONTRADICTIONS POUR CE QU'ELLES SONT- DES DISSONANCES COGNITIVES - LES DIGÉRER ET PEUT-ÊTRE, LES DÉPASSER, ENJOINT DE RENONCER AUX CODES SOCIAUX EN VIGUEUR, VOIRE DE LES RENVERSER. ACTUELLEMENT, CE QUI EST VALORISÉ, C'EST LA RÉALISATION PERSONNELLE ET L'ACCUMULATION DE BIENS MATÉRIELS, SANS CONSIDÉRATION POUR LEUR IMPACT ENVIRONNEMENTAL, POUSSÉS EN CELA PAR LE DÉSIR DE CE QUE DÉSIRENT LES AUTRES, PARCE QUE NOUS SOMMES DES ÊTRES MIMÉTIQUES.

MARGARET MEAD
(1901-1978),
ANTHROPOLOGUE AMÉRICAINE,
DANS UNE DÉCLARATION
PRÉMONITOIRE DE 1975.

IL EST VAIN DE FAIRE PESER LA RESPONSABILITÉ DU DÉRÈGLEMENT CLIMATIQUE SUR LES SEULS INDIVIDUS PUISQUE NOTRE SURVIE DÉPEND DU SYSTÈME SOCIAL,TECHNIQUE ET ÉCONOMIQUE EN PLACE, AINSI QUE DES ÉNERGIES FOSSILES. DE PLUS, LA RESPONSABILITÉ DU PDG D'UNE ENTREPRISE POLLUANTE N'EST PAS COMPARABLE AVEC CELLE DE M. MICHU QUI A BESOIN DE SA VOITURE POUR SE RENDRE À SON TRAVAIL ! PAR CONTRE, LE COMBAT NE PEUT ÊTRE GAGNÉ QUE S'IL EST MENÉ SUR TOUS LES FRONTS, Y COMPRIS INDIVIDUEL, ET RIEN NE NOUS OBLIGE À ACHETER LES PRODUITS DES MULTINATIONALES OU À ACCEPTER DOCILEMENT LE RÉCIT EN COURS. L'OPPORTUNITÉ DE REJETER, COLLECTIVEMENT, UNE CULTURE TOXIQUE S'OFFRE À NOUS.

SI NOUS VOULONS STOPPER LE RÉCHAUFFEMENT À +2 °C, IL NOUS FAUT MÉTAMORPHOSER, EN PROFONDEUR, DÈS DEMAIN MATIN, LE FONCTIONNEMENT DE NOS SOCIÉTÉS : BAISSER FORTEMENT LA DEMANDE ÉNERGÉTIQUE, RESTAURER LES ÉCOSYSTÈMES, FREINER DRASTIQUEMENT NOTRE ALIMENTATION TROP CARNÉE, SORTIR DE NOTRE DÉPENDANCE AU MARCHÉ VIA LE RETOUR À L'AUTONOMIE ALIMENTAIRE, TROUVER NOTRE ÉPANOUISSEMENT AILLEURS QUE DANS LA CONSOMMATION INUTILE, RETROUVER LA CONNEXION, PHYSIQUE ET SPIRITUELLE, À LA NATURE QUI N'EST PAS UNE ENTITÉ EXTÉRIEURE À NOUS, LES HUMAINS, ET METTRE LA PRESSION SUR NOS DIRIGEANTS. REFUSER CEUX QUI, DEPUIS QUARANTE ANS, PRÊCHENT LA CROISSANCE SPOLIATRICE ILLIMITÉE D'UNE PLANÈTE LIMITÉE, AVEC LES CONSÉQUENCES ENVIRONNEMENTALES QUE L'ON SAIT, ET QUI, ANNÉES APRÈS ANNÉES, ÉRIGENT L'ÉCONOMIE LIBÉRALE EN VALEUR SUPÉRIEURE, AUX DÉPENS DE LA SEULE RÉALITÉ QUI NOUS CONDITIONNE RÉELLEMENT : LES LIMITES PHYSIQUES PLANÉTAIRES.

« *QUI PEUT ÊTRE CONTRE LA CROISSANCE ?* » S'INTERROGEAIT *LE POINT* EN 2012. RÉPONSE : CELLES ET CEUX QUI ONT COMPRIS QUE, DERRIÈRE LA PROMESSE D'UNE RICHESSE ACCESSIBLE À TOUS, SE CACHENT DES INÉGALITÉS VERTIGINEUSES ET LA DESTRUCTION DE RESSOURCES NATURELLES SANS LESQUELLES NOUS NE POUVONS SURVIVRE.

SE DIRE OPTIMISTE DE MANIÈRE PASSIVE, SANS AGIR CONCRÈTEMENT, NE SERT À RIEN ET SI NOS CHOIX NE CHANGENT PAS LE MONDE INDIVIDUELLEMENT, ILS DESSINENT UNE FORCE POLITIQUE, COLLECTIVEMENT. METTONS EN COMMUN NOS INTELLIGENCES ET NOS VOLONTÉS POUR DÉNONCER ET CONTRECARRER UN SYSTÈME DÉLÉTÈRE QUI, SOUS COUVERT DE CHANTAGE À L'EMPLOI, NOUS MENT EN PERMANENCE ET NE NOUS REND PAS HEUREUX (131 MILLIONS DE BOÎTES DE MÉDICAMENTS PSYCHOTROPES SE SONT VENDUS, EN FRANCE, EN 2012).
On ne peut pas, d'un côté, vouloir que tout change, désirer une vraie transformation et en même temps, ne rien faire.
PAUL B. PRECIADO, PHILOSOPHE ET ÉCRIVAIN ESPAGNOL.
Pour lutter contre la pollution, roulez en voiture.
À PARTIR DE 169 €/MOIS
Changeons la vie
Changeons la voiture
VRAIE PUBLICITÉ D'UN CONSTRUCTEUR AUTOMOBILE FRANÇAIS QUI UTILISE LE « GREENWASHING », UNE TECHNIQUE DE MARKETING QUI CONSISTE À DONNER L'IMPRESSION QUE L'ENTREPRISE OU LE PRODUIT VENDU EST ÉCORESPONSABLE. EN L'OCCURRENCE, LA VOITURE ÉLECTRIQUE, VANTÉE COMME « LA » SOLUTION AU PROBLÈME DE POLLUTION, N'EST ABSOLUMENT PAS NEUTRE EN TERME D'IMPACT ENVIRONNEMENTAL, BIEN AU CONTRAIRE PUISQUE SA FABRICATION NÉCESSITE D'EXTRAIRE ENCORE PLUS DE MATÉRIAUX RARES QUE POUR LA FABRICATION D'UNE VOITURE THERMIQUE.

IL EST TEMPS D'AVOIR UN IMPACT POSITIF SUR LE VIVANT OU, AU MOINS, DE NE PLUS LUI NUIRE. PRENDRE CONSCIENCE DU DOGME OPPRESSANT QUI NOUS ENTOURE, LE COMPRENDRE ET S'Y OPPOSER PERMET DE DÉPASSER L'ANGOISSE D'UN AVENIR MOINS RADIEUX QUE PRÉVU ET L'AFFLICTION PROVOQUÉE PAR CE QUE NOUS AVONS DÉJÀ PERDU. PARTOUT DANS LE MONDE, DES CITOYENS SE LÈVENT ET S'UNISSENT POUR INVENTER DE NOUVELLES ORGANISATIONS SOCIALES RESPECTUEUSES DE L'ENVIRONNEMENT ET DES ÊTRES HUMAINS.
L'ÉCOVILLAGE D'ITHACA, CRÉÉ EN 1991 DANS L'ÉTAT DE NEW YORK SUR 70 HECTARES, COMPREND TROIS QUARTIERS D'HABITATION, DEUX FERMES BIOLOGIQUES ET UN CENTRE D'ÉDUCATION À LA DURABILITÉ.

FONDATION NICOLAS HULOT POUR LA NATURE ET L'HOMME (FNH), PARIS, OCTOBRE 2004.

DEUXIÈME JOUR.
Bonjour à tous ! Mais... vous avez l'air crevé ! Vous avez fait la fête toute la nuit, ou quoi ?
Non, M'sieur, mais c'est trop calme, ici, on n'a pas l'habitude du silence et ça nous a empêché de dormir !
DERNIER JOUR.
Allez, allez, après 10 jours de nature, retour à la ville !
M'sieur, ça m'a trop plu, j'ai envie de travailler avec mes mains, maintenant.
Moi aussi, j'veux être utile !
3 ANS PLUS TARD, CRÉATION DES FORMATIONS DIPLÔMANTES.
Désormais, vous pouvez vous former professionnellement aux métiers manuels. C'est ce que tu voulais, Nora, non ?
Oui ! Vous avez inventé une école pour les jeunes qui n'aiment pas l'école, Monsieur.

INAUGURATION DE L'ÉCOLE DE LA TRANSITION ÉCOLOGIQUE (ETRE) EN 2017, À LAHAGE.

UNE ÉCOLE DE CE TYPE A ÉGALEMENT OUVERT À PARIS, EN 2018, ET LE DÉPLOIEMENT DU CONCEPT EST À L'ÉTUDE SUR D'AUTRES TERRITOIRES.

80 000 JEUNES SORTENT DU SYSTÈME SCOLAIRE, CHAQUE ANNÉE, SANS DIPLÔME NI PERSPECTIVES, PARCE QUE C'EST UN CARCAN RIGIDE QUI NE PEUT CONVENIR À TOUT LE MONDE, ET DE NOMBREUSES PERSONNES REMETTENT EN QUESTION LEURS ACTIVITÉS PROFESSIONNELLES INSATISFAISANTES, OR NOUS AVONS GRAND BESOIN DE BRAS ET D'ENTHOUSIASME POUR CONSTRUIRE UN AVENIR PLUS SOBRE, SOLIDAIRE ET RÉSILIENT !

SE PROJETER DANS L'AVENIR EST DIFFICILE POUR NOTRE CERVEAU CONÇU POUR RÉPONDRE AUX DANGERS IMMÉDIATS, MAIS NOUS SOMMES NOMBREUX À AVOIR DES ENFANTS ET SI NOUS LES AVONS FAIT NAÎTRE, C'EST POUR LES PROJETER, EUX, DANS LE FUTUR, ET SI POSSIBLE, UN FUTUR DÉSIRABLE.

NEIL GAIMAN, AUTEUR ANGLAIS
(EXTRAIT DE *POURQUOI NOTRE FUTUR DÉPEND DES BIBLIOTHÈQUES, DE LA LECTURE ET DE L'IMAGINATION*).

NOTRE MODE DE VIE ACTUEL, BASÉ SUR UNE INSATISFACTION CONSTANTE, NE PEUT S'ÉTERNISER SUR UNE PLANÈTE LIMITÉE, AU RISQUE DE LA RENDRE INVIVABLE AVANT LA FIN DU SIÈCLE. NOTRE MAISON COMMUNE N'EST PAS INTERCHANGEABLE, C'EST UNE PERLE UNIQUE ET EXTRAORDINAIRE, DANS UN UNIVERS NOIR ET INHOSPITALIER, QUI NOUS OFFRE TOUT POUR RÉPONDRE À NOS BESOINS, ET MÊME DAVANTAGE, POUR PEU QUE NOUS RETROUVIONS L'ÉMERVEILLEMENT.
LA RÉVOLUTION DES ESPRITS, PUIS DES ACTES, SE FERA DE GRÉ OU DE FORCE ET MIEUX VAUDRAIT QU'ELLE SE FASSE DE GRÉ, AVEC NOTRE CONSENTEMENT ET NOTRE MOTIVATION, PLUTÔT QUE SOUS LA CONTRAINTE, QUAND LES OPTIONS SERONT CRUELLEMENT RÉDUITES ET QU'IL NE NOUS RESTERA QUE LE CONFLIT. NOUS SOMMES LA PARTIE CONSCIENTE DE CE MONDE, DES TERRIENS ET DES TERRIENNES, ET SI NOUS NE SOMMES PAS RESPONSABLES DU PASSÉ, NOUS LE SOMMES DE L'AVENIR.

LA SEULE QUESTION QUI IMPORTE C'EST : « QUE VOULONS-NOUS EN FAIRE ? »

Participer à la vie de groupe pour tenter de l'orienter vers un avenir moins dramatique et moins sanglant est plus que jamais nécessaire. Il ne faut pas se résoudre à l'existence des horreurs. Il ne faut pas dire : « Ce sera toujours comme cela. » Non, cela peut changer.
L'UTOPIE, C'EST SIMPLEMENT CE QUI N'A PAS ENCORE ÉTÉ ESSAYÉ.

Sources documentaires

Pages 10-11 :
Concernant le Big Bang :
Aurélien Barrau, *Qu'y avait-il avant le Big Bang ?* [Vidéo en ligne], 14 septembre 2017.
https://www.youtube.com/watch?v=130ryGKmf8o

Pages 12-13 :
Concernant l'« exception Terre » :
Brice Louvet, « Il y aurait 2 000 milliards de galaxies dans l'univers », *SciencePost*, 21 janvier 2017.
https://sciencepost.fr/y-aurait-2-000-milliards-de-galaxies-lunivers

Pages 14-15 :
Concernant l'histoire de la planète et l'apparition de l'ère industrielle :
Jean-Robert Viallet, *L'homme a mangé la Terre*, 99 minutes, 2019.

Pages 16-17 :
Concernant le dérèglement écologique :
Climate Central, *A New High for CO2*, 2020.
https://www.climatecentral.org/outreach/alert-archive/2020/2020CO2Peak.html)

Page 19 :
Concernant nos ancêtres les Sapiens :
Yuval Noah Harari, *Sapiens*, Paris, Albin Michel, 2015, 515 p.

Page 20 :
Concernant la disparition des espèces :
Planetoscope, « La Disparation des espèces », *ConsoGlobe*.
https://www.planetoscope.com/biodiversite/126-disparition-d-especes-dans-le-monde.html
« La girafe menacée d'extinction », *L'Union*, 16 août 2019.
https://www.lunion.fr/id87025/article/2019-08-16/la-girafe-menacee-dextinction

Pages 21-23 :
Concernant nos ancêtres les Sapiens :
Yuval Noah Harari, *Sapiens*, Paris, Albin Michel, 2015, 515 p.

Pages 24-25 :
Concernant la disparition des espèces :
Aurore, « 14 espèces animales disparues », *ConsoGlobe*, 11 mai 2017.
https://www.consoglobe.com/especes-animales-disparues-cg/4

Page 26 :
Concernant les espèces menacées à court terme :
IPBES, *Le dangereux déclin de la nature : un taux d'extinction des espèces « sans précédent » et qui s'accélère* [Communiqué de presse], 2019.
https://ipbes.net/news/Media-Release-Global-Assessment-Fr)

Page 29 :
Concernant la ruée vers les villes :
Véronique Tison, « 77,5 % des Français vivent en ville », *La revue française de généalogie*, août 2011.
https://www.rfgenealogie.com/infos/775-des-francais-vivent-en-ville

Page 36 :
Concernant « la Grande Accélération » :
(Voir les courbes de l'évolution du système terre et du développement économique humain tout à fait concordantes)
Cécile Marin, « La grande accélération », *Le Monde diplomatique*, décembre 2015 – janvier 2016.
https://www.monde-diplomatique.fr/cartes/acceleration-terrestre
Concernant les propos de Nicolas Hulot :
Nicolas Hulot, *Plus haut que mes rêves*, Paris, Calmann-Levy, 2013, 236 p.

Page 37 :
Concernant les propos de Paul-Émile Victor :
Citation du jour, « Toutes les citations de Paul-Émile Victor, ses meilleures pensées », *Ouest-France*.
https://citations.ouest-france.fr/citations-paul-emile-victor-12437.html

Page 39 :
Inspiration visuelle et chiffres : association de protection des océans Sea Sherpherd
https://www.seashepherd.fr

Page 45 :
Concernant les propos de Nicolas Hulot :
Nicolas Hulot, *Plus haut que mes rêves*, Paris, Calmann-Levy, 2013, 236 p.

Page 46 :
Concernant le trajet de fabrication d'un jean :
• Fran Abrams et James Asill, « 100 % coton, 100 % global. Le tour du monde d'un jean », *Courrier international*, 12 juillet 2011.
https://www.courrierinternational.com/article/2001/08/02/le-tour-du-monde-d-un-jean
• Le jean dans la mondialisation, « Le Jean : une production mondialisée », [En ligne].
http://le-jean-dans-la-mondialisation.e-monsite.com/pages/partie-1.html
• Le monde de Jamy, « Jamy retrace l'itinéraire d'un jean » [Vidéo en ligne], *Brut*, 18 octobre 2019.
https://www.youtube.com/watch?v=U9xoi7RSOwo

Page 47 :
Concernant la globalisation du niveau de vie occidental :
« On ne peut matériellement pas fournir, et encore moins durablement, à 4,5 milliards de terriens le même niveau de *consommation qu'un smicard français.* »
Jean-Marc Jancovici, *Présages* [Podcast], 64 minutes, 2018.
Inspiration visuelle et chiffres : Global Footprint Network®
Globat Footprint Network, « Combien de planètes Terre faudrait-il si la population mondiale vivait comme les habitants en… » [En ligne].
https://www.overshootday.org/content/uploads/2019/07/How_many_Earths_2019_French_medium.jpg

Page 48 :
Concernant l' « esclavage énergétique » :
Jean-Marc Jancovici, « Combien suis-je esclavagiste ? », 1er mai 2003 (mis à jour le 1er août 2013), [En ligne].
• https://jancovici.com/transition-energetique/l-energie-et-nous/combien-suis-je-un-esclavagiste
•Dermot O'Connor, *Un présent sans lendemain*, 35 minutes, 2012.

Page 49 :
Concernant la « médiocrité standardisée » :
Alain Deneault, « Pourquoi les médiocres ont pris le pouvoir ? », *Le Point*, 16 janvier 2016.
https://www.lepoint.fr/debats/pourquoi-les-mediocres-ont-pris-le-pouvoir-16-01-2016-2010535_2.php

Pages 50-51 :
Concernant l'incohérence de la valorisation des métiers :
David Graeber, *Bullshit jobs*, Paris, Les Liens qui libèrent, 2019, 446 p.
Concernant la représentation de la styliste :
https://www.ledauphine.com/france-monde/2019/09/26/gaspillage-vestimentaire-les-solutions-pour-limiter-notre-impact-ecologique
Concernant la représentation de l'agriculteur :
Maxime Fayolle, « Suicides d'agriculteurs : « Le phénomène est ancien mais son entrée dans le champ médiatique est récente », *France culture*, 23 février 2019.https://www.franceculture.fr/societe/suicides-dagriculteurs-le-phenomene-est-ancien-mais-son-entree-dans-le-champ-mediatique-est-recente

Page 59 :
Concernant les propos de Nelson Mandela :
•Nelson Mandela, *Conversations avec moi-même*, Paris, Points, coll. « Points documents », 2011, 544 p.
•Laure Gautherin, « Nelson Mandela : ses 10 plus belles citations », *Aufeminin*, 6 décembre 2013, https://www.aufeminin.com/news-societe/nelson-mandela-ses-10-plus-belles-citations-s227669.html

Page 64 :
Concernant la participation de Nicolas Hulot au discours de Jacques Chirac :
« Hulot, la plume de Chirac au sommet de la Terre en 2002 », *Ina*, 2 septembre 2002.
https://www.ina.fr/contenus-editoriaux/articles-editoriaux/hulot-la-plume-de-chirac-au-sommet-de-la-terre-en-2002

Page 67 :
Concernant le témoignage de Nicolas Hulot :
Nicolas Hulot, *Osons ! Plaidoyer d'un homme libre*, Paris, Les Liens qui libèrent, 2015, 96 p.

Page 68 :
Concernant le terme « économie » :
« Économie », Dictionnaire Larousse [En ligne].
https://www.larousse.fr/dictionnaires/francais/économie/27630
Concernant les ressources en énergies fossiles, minerais et matières premières non renouvelables :
•Le phosphore
Philippe Jacquemin, « La pénurie de phosphore d'ici peu... », *Agriculture de conservation*, octobre 2010.
https://agriculture-de-conservation.com/La-penurie-de-phosphore-d-ici-peu.html
•L'eau
« Près d'un quart de la population mondiale est menacée par une pénurie d'eau », *Le Monde*, 6 août 2019.
https://www.lemonde.fr/planete/article/2019/08/06/pres-d-un-quart-de-la-population-mondiale-est-menace-par-une-penurie-d-eau_5497203_3244.html
•L'argent
« Argent : épuisement des mines en 2029 », *Prix des métaux*, 12 mai 2016.
http://www.prix-metaux.net/2016/05/12/epuisement-mines-argent-2029.html
•L'or
« Les métaux courent à l'épuisement », *Mr Mondialisation*, 29 septembre 2017.
https://mrmondialisation.org/les-metaux-courent-a-lepuisement
•L'hélium
Audrey Chauvet, « Les réserves mondiales d'hélium se dégonflent », *20 Minutes*, 30 août 2010 (mis à jour le 12 septembre 2014).
https://www.20minutes.fr/planete/590745-20100830-planete-les-reserves-mondiales-d-helium-se-degonflent
•Le sable
Martine Valo, « Le sable en voie de disparition », *Le Monde*, 27 août 2015.
https://www.lemonde.fr/televisions-radio/article/2015/09/01/le-sable-en-voie-de-disparition_4742188_1655027.htm

Page 69 :
Concernant le portrait de Charles Kettering :
Citations célèbres, « Charles Franklin Kettering citations » [En ligne].
https://quotepark.com/fr/auteurs/charles-franklin-kettering
Concernant la face cachée de la fabrication des smartphones :
« Ce qui se cache derrière la fabrication de nos smartphones » [Vidéo en ligne], *Brut*, 18 décembre 2017.
https://www.youtube.com/watch?v=wUGBTGfvrV0

Page 70 :
Concernant les propos de Vandana Shiva, Lionel Astruc et Nicolas Hulot :
Lionel Astruc, Nicolas Hulot et Vandana Shiva, *Le Cercle vertueux*, Arles, Actes sud, coll. « Domaines du possibles », 2018, 144 p.

Page 74 :
Concernant les principaux géants industriels responsables des émissions de gaz à effet de serre :
Sarah Ugolini, « Le montant astronomique dépensé en lobbying par les géants pétroliers depuis la COP21 », *Capital*, 23 mars 2019.
https://www.capital.fr/entreprises-marches/climat-le-montant-astronomique-depense-en-lobbying-par-les-geants-petroliers-depuis-la-cop21-1332655

Page 75 :
Concernant 2018, année record des émissions de gaz à effet de serre :
« Climat : les géants de l'énergie ont dépensé un milliard de dollars en lobbying depuis la COP21 », *Le Monde*, 22 mars 2019.
https://www.lemonde.fr/planete/article/2019/03/22/climat-les-geants-de-l-energie-ont-depense-un-milliard-de-dollars-en-lobbying-depuis-la-cop21_5439758_3244.html
Concernant le Portrait de Victor Hugo :
Victor Hugo, *L'homme qui rit, Paris*, Gallimard, coll. « Folio classique », 2002, 848 p.
Concernant le rapport de l'association OXFAM :
• « Rapport Oxfam : 26 milliardaires détiennent autant d'argent que la moitié de l'humanité », *La Tribune*, 21 janvier 2019.
https://www.latribune.fr/economie/international/comment-26-milliardaires-detiennent-autant-d-argent-que-la-moitie-de-l-humanite-804594.html
• Maxime Chapet et Sarah El Makhzoumi, « La faim dans le monde, une fatalité ? » [Vidéo en ligne], *France TV*, 2017.
https://www.lumni.fr/video/la-faim-dans-le-monde-une-fatalite

Page 76 :
Concernant la corrélation entre l'empreinte écologique d'une personne et son niveau de vie :
• « Selon Oxfam, 10 % des plus riches de la planète génèrent 50 % des émissions de CO2 mondiales », *Libération*, 2 février 2015.
https://www.liberation.fr/direct/element/selon-oxfam-les-10-les-plus-riches-de-la-planete-generent-50-des-emissions-de-co2-mondiales_25194
• Thomas Piketty, « Thomas Piketty : l'illusion de l'écologie centriste », *Le Monde*, 8 juin 2019.
https://www.lemonde.fr/politique/article/2019/06/08/thomas-piketty-l-illusion-de-l-ecologie-centriste_5473422_823448.html

Page 77 :
Concernant la contribution des SUV à la hausse des émissions de CO_2 :
« Les SUV sont les 2e contributeurs à la hausse des émissions de CO2 devant les avions ou les navire », *Novethic*, 18 octobre 2019.
https://www.novethic.fr/actualite/environnement/climat/isr-rse/les-suv-sont-les-2e-contributeurs-a-la-hausse-des-emissions-de-co2-devant-les-avions-ou-les-navires-147818.html

Page 78 :
Concernant le portrait de Yuval Noah Harari :
Yuval Noah Harari, *21 leçons pour le XXIe* siècle, Paris, Albin Michel, coll. « Grand public », 2018, 384 p.

Page 81 :
Concernant l'évasion fiscale :
Clémentine Maligorne et Service Infographie, « Les chiffres astronomiques de l'évasion fiscale », *Le Figaro*, 7 novembre 2017.
https://www.lefigaro.fr/conjoncture/2017/11/07/20002-20171107ARTFIG00163-les-chiffres-astronomiques-de-l-evasion-fiscale.php

Page 82 :
Concernant le portrait de Sébastien Bolher:
Sébastien Bolher, *Le Bug humain : pourquoi notre cerveau nous pousse à détruire la planète et comment l'en empêcher*, Paris, Robert Laffont, 2019, 270 p.

Page 85 :
Concernant le « virilisme » :
Olivia Gazalé, *Le Mythe de la virilité*, Paris, Robert Laffont, 2017, 418 p.
Concernant la part des femmes dans l'extrême pauvreté mondiale :
« 70 % des personnes affamées dans le monde sont des femmes », *Tribune de Genève*, 8 mars 2016.
https://www.tdg.ch/monde/

Page 86 :
Concernant la notion d'effondrement :
Jean-Marc Gancille, *Ne plus se mentir*, Paris, Rue de l'échiquier, 2019, 93 p.

Page 90 :
Concernant le nombre de bêtes tuées pour fournir la viande que nous consommons :
Planetoscope, « Nombre d'animaux tué pour fournir de la viande dans le monde » [En ligne], *ConsoGlobe*.
https://www.planetoscope.com/elevage-viande/1172-nombre-d-animaux-tues-pour-fournir-de-la-viande-dans-le-monde.html

Page 92 :
Concernant les inégalités de traitement des animaux :
Nicolas Hulot, *Le Syndrome du Titanic*, Paris, Lgf, coll. « Livre de poche », 2005, 316 p.

Page 93 :
Concernant l'industrie de la viande :
Agnès Stienne, « Quand l'industrie de la viande dévore la planète », *Le Monde diplomatique*, 21 juin 2012.
https://blog.mondediplo.net/2012-06-21-Quand-l-industrie-de-la-viande-devore-la-planete

Page 94 :
Concernant l'accroissement de la consommation de viande, l'industrialisation et les effets sur le « bien-être » animal :
Thierry Lefèvre, « Un brève histoire de la croissance démographique mondiale », *Planète viable*, 19 décembre 2012.
https://planeteviable.org/breve-histoire-croissance-demographique-mondiale

Page 95 :
Concernant les vegan, classés au même titre que les terroristes dans un rapport de l'Assemblée nationale :
http://www.assemblee-nationale.fr/15/rap-enq/r2006.asp#P1790_427008 (article 31)

Page 101 :
Concernant le week-end d'anniversaire d'Emmanuel Macron en compagnie des chasseurs :
Solem de Royer, « Emmanuel Macron fête ses 40 ans au château de Chambord », *Le Monde*, 15 décembre 2017.
https://www.lemonde.fr/politique/article/2017/12/15/emmanuel-macron-fete-ses-40-ans-au-chateau-de-chambord_5230587_823448.html

Page 105 :
Concernant l'utilité des vers de terre :
Ooreka, « Ver de terre » [En ligne].
https://jardinage.ooreka.fr/astuce/voir/307934/utilite-du-ver-de-terre-au-jardin
Concernant la disparition des vers de terre :
Christophe Gatineau, « La disparition du ver de terre signe la disparition du sol », *Pensées sauvages*, 20 novembre 2018.
https://www.pensees-sauvages.com/2018/11/20/la-disparition-du-ver-de-terre-signe-la-disparition-du-sol)
Concernant la disparition des forêts :
• Conservation nature, « Pourquoi est-il important de préserver la biodiversité ? » [En ligne].
http://www.conservation-nature.fr/article1.php?id=79
• Jean-Marie, « La déforestation dans le monde en 10 données clés », *ConsoGlobe*, 5 octobre 2018.
https://www.consoglobe.com/deforestation-dans-le-monde-cg
• « En 2019, les forêts tropicales ont perdu l'équivalent d'un terrain de foot toutes les six secondes en moyenne », *France Inter*, 2 juin 2020.
https://www.franceinter.fr/environnement/en-2019-les-forets-tropicales-ont-perdu-l-equivalent-d-un-terrain-de-foot-toutes-les-six-secondes-en-moyenne

Pages 110-111 :
Concernant le portrait de Rachel Carson :
Rachel Carson, *Printemps silencieux*, Revest-Saint-Martin, Coyote, 2009, 260 p.

Page 112 :
Concernant les actions de Bayer (Monsanto) via IG Farben dans les camps de la mort nazis durant la Seconde Guerre mondiale :
• Coralie Schaub, « Bayer-Mosanto, alchimie monstrueuse », *Libération*, 23 juin 2016.
https://www.liberation.fr/futurs/2016/05/23/bayer-monsanto-alchimie-monstrueuse_1454681
• Victorayoli, « Monsanto-Bayer... quand Bayer achetait des lots de femmes Auschwitz ? », *Mediapart*, 30 novembre 2016.
https://blogs.mediapart.fr/victorayoli/blog/301116/monsanto-bayer-quand-bayer-achetait-des-lots-de-femmes-auschwitz
• Sylvie Simon, « IG Faren (gaz nazi Zyklon-B) et le semancier mondial Monsanto (agent orange) », *Diatala*, 20 juin 2012.
http:/www.diatala.com/article-ig-farben-gaz-nazi-zyklon-b-et-monsanto-107208342.html

Page 113 :
Concernant les propos de Nicolas Hulot au sujet de Monsanto :
• Sophie Fabrégat, « Pourquoi les agriculteurs ont tant de mal à lâcher les phyto », *Actu environnement*, 7 juin 2018.
https://www.actu-environnement.com/ae/news/agriculture-pesticides-produits-phytosanitaires-alternatives-pratiques-31430.php4
• « Mosanto définitivement condamné dans l'affaire d'intoxication d'un agriculteur », *Le Monde*, 21 octobre 2020.
https://www.lemonde.fr/planete/article/2020/10/21/monsanto-definitivement-condamne-dans-l-affaire-de-l-intoxication-d-un-agriculteur_6056854_3244.html
• « Le Roundup de Mosanto a causé le cancer de Dewayne Johnson, tranche la justice américaine pour la 3e fois », *L'Obs*, 21 juillet 2020.
https://www.nouvelobs.com/justice/20200721.OBS31417/le-roundup-de-monsanto-a-cause-le-cancer-de-dewayne-johnson-tranche-la-justice-americaine-pour-la-3e-fois.html
• Florent Detroy, « Bayer-Mosanto : main basse sur les semences », *Alternatives économiques*, 16 septembre 2016.
https://www.alternatives-economiques.fr/bayer-monsanto-main-basse-sur-les-semences/00003506

Page 114 :
Concernant la disparition des espèces :
• Stéphane Foucart, « Les oiseaux disparaissent des campagnes françaises à une "vitesse vertigineuse" », *Le Monde*, 20 mars 2018.
https://www.lemonde.fr/biodiversite/article/2018/03/20/les-oiseaux-disparaissent-des-campagnes-francaises-a-une-vitesse-vertigineuse_5273420_1652692.html
• Stéphane Foucart, « En trente ans, près de 80 % des insectes auraient disparu en Europe », *Le Monde*, 18 octobre 2017.
https://www.lemonde.fr/biodiversite/article/2017/10/18/en-trente-ans-pres-de-80-des-insectes-auraient-disparu-en-europe_5202939_1652692.html
Concernant l'augmentation du nombre de cancers :
« Cancer : le nombre de malades a explosé en France », *SudOuest*, 26 octobre 2016.
https://www.sudouest.fr/2016/10/26/cancer-le-nombre-de-malades-a-explose-en-france-2547976-4696.php
Concernant le portrait de Rachel Carson :
Rachel Carson, *Printemps silencieux*, Revest-Saint-Martin, Coyote, 2009, 260 p.

Page 115 :
Concernant la détérioration des terres arables, essentielles à notre survie :
Organisation des Nations Unies pour l'alimentation et l'agriculture, « Appauvrissement des terres et des eaux : menace grandissante pour la sécurité alimentaire » [En ligne], 28 novembre 2011.
http://www.fao.org/news/story/fr/item/95178/icode

Page 118 :
Concernant la politique agricole européenne :
Charlotte Anglade, « Environnement : l'Europe doit-elle verdir sa politique agricole commune ? », *LCI*, 7 janvier 2020.
https://www.lci.fr/planete/environnement-ecologie-l-europe-doit-elle-verdir-sa-politique-agricole-commune-union-europeenne-2142024.html

Page 119 :
Concernant les propos de Nicolas Hulot et de Vandana Shiva :
Lionel Astruc, Nicolas Hulot et Vandana Shiva, *Le Cercle vertueux*, Arles, Actes sud, coll. « Domaines du possibles », 2018, 144 p.

Pages 122-123 :
Concernant le suicide des agriculteurs :
« Suicides chez les agriculteurs : des chiffres qui font froid dans le dos », *Franceinfo*, 11 septembre 2019.
https://www.francetvinfo.fr/economie/emploi/metiers/agriculture/suicides-chez-les-agricultures-des-chiffres-qui-font-froid-dans-le-dos_3612595.html
Concernant le portrait et les propos de Perrine et Charles Hervé-Gruyer :
Perrine et Charles Hervé-Gruyer, *Vive avec la Terre*, Arles, Actes sud, 2019, 1043 p.
Inspiration visuelle : la ferme du Bec Hellouin
https://www.fermedubec.com

Page 124 :
Concernant l'artificialisation des sols et ses conséquences :
Marina Fabre, « Artificialisation des sols : en France, on bétonne même quand ce n'est pas nécessaire », *Novethic*, 8 avril 2019.
https://www.novethic.fr/actualite/environnement/agriculture/isr-rse/l-artificialisation-des-sols-progresse-plus-vite-que-la-croissance-demographique-et-economique-147106.html

Page 127 :
Concernant la réaction des chasseurs après la nomination de Nicolas Hulot :
AFP, « Nomination de Hulot ? Une "provocation pour les chasseurs" », *Le Point*, 18 mai 2017.
https://www.lepoint.fr/politique/nomination-de-hulot-une-provocation-pour-les-chasseurs-18-05-2017-2128508_20.php

Page 131 :
Propos de Thierry Coste concernant la baisse du permis de chasse (revendication obtenue) :
Pierrick Baudais, « Chasse. Baisse du prix du permis et nouvelle gestion "adaptative" des espèces chassables », *Ouest-France*, 28 août 2018.
https://www.ouest-france.fr/environnement/reforme-de-la-chasse-baisse-du-prix-du-permis-et-gestion-adaptative-des-especes-5939382
Concernant l'élargissement de la période de chasse aux oies (revendication obtenue) :
AFP, « Lac chasse à l'oie cendrée est prolongée en février », *Sciences et avenir*, 1er février 2019.
https://www.sciencesetavenir.fr/animaux/oiseaux/la-chasse-a-l-oie-cendree-est-prolongee-en-fevrier_131197
Concernant la révision de la liste des espèces considérées comme « en danger » et par conséquent interdites à la chasse (revendication obtenue) :
« Espèces d'oiseaux menacées par... la "gestion adaptative" », *France Nature Environnement Vaucluse*, 20 février 2020.
https://www.fne-vaucluse.fr/2020/02/20/especes-doiseaux-menacees-par-la-gestion-adaptative/

Concernant la révision de la classification du renard comme espèce « nuisible » (revendication obtenue) :
Liv Audigane, « Renard, fouine, geai, pie : 11 animaux nuisibles dans le viseur des chasseurs », *BFM TV*, 26 juin 2019.
https://www.bfmtv.com/environnement/renard-fouine-geai-pie-11-animaux-nuisibles-dans-le-viseur-des-chasseurs_AN-201906260033.html
Concernant l'obtention d'un siège au conseil d'administration de l›agence française de la biodiversité (revendication obtenue) :
Fédération des chasseurs d'Occitanie, « L'Agence régionale de la biodiversité fête sa première année » [En ligne], 30 octobre 2019.
https://www.chasse-nature-occitanie.fr/frc/actualites/a15246/l%27agence-regionale-de-la-biodiversite-fete-sa-premiere-annee

Page 132 :
Propos de Thierry Coste concernant la pénalisation de l'entrave au droit de poursuite (revendication obtenue) :
AFP, « Chasse : le sénat crée un délit d'entrave punissable d'un an d'emprisonnement », *Le Parisien*, 11 avril 2019.
https://www.leparisien.fr/environnement/chasse-le-senat-cree-un-delit-d-entrave-punissable-d-un-an-d-emprisonnement-11-04-2019-8051625.php

Pages 136-137 :
Concernant la baisse du prix du permis de chasse accordée par le Président Emmanuel Macron et l'explosion de la demande en 2019 :
« Les demandes de permis de chasse national explosent », *Franceinfo*, 18 août 2019.
https://france3-regions.francetvinfo.fr/bourgogne-franche-comte/franche-comte/demandes-permis-chasse-national-explosent-1711671.html?fbclid=IwAR30k7v_r2F_VQbyJxdH_WR68PmqfMAgLf_SuJlliBhrCQzNM4J2_xk0mFA
Concernant les « nuisibles » dans la nature :
- Pierre Rigaux, *Pas de fusils dans la nature*, Paris, HumenSciences, 2019, 284 p.
- Adrien Sénécat, « Les accident de chasse ont fait plus de 350 morts depuis 2000 », *Le Monde*, 19 septembre 2017. https://www.lemonde.fr/les-decodeurs/article/2017/09/19/les-accidents-de-la-chasse-ont-fait-plus-de-350-morts-depuis-2000_5187912_4355770.html
- Pierre Le Hir, « Les accidents de chasse en augmentation », *Le Monde*, 13 juin 2019. https://www.lemonde.fr/planete/article/2019/06/13/les-accidents-de-chasse-en-augmentation_5475876_3244.html

Page 140 :
Concernant l'opinion publique sur les pratiques de chasse :
Audey Garric, « De plus en plus de Français désavouent les pratiques de chasse », *Le Monde*, 7 décembre 2017.
https://www.lemonde.fr/planete/article/2017/12/07/de-plus-en-plus-de-francais-desavouent-les-pratiques-de-chasse_5226018_3244.html

Pages 146-147 :
Concernant la disparition des gorilles :
« Gorilles en danger », *Franceinfo*, 5 septembre 2016.
https://www.francetvinfo.fr/monde/environnement/gorilles-en-danger_1811403.html
Concernant l'assassinat de Paulo Paulino Guajajara :
Nora Pardi, « Un nouveau militant écologiste assassiné au Brésil », *Révolution permanente*, 6 novembre 2019.
https://www.revolutionpermanente.fr/Un-nouveau-militant-ecologiste-assassine-au-Bresil

Pages 148-149 :
Concernant les réserves de pétrole (La lithosphère) :
« Réserves de pétrole dans le monde » [En ligne], *Connaissance des énergies*, 15 décembre 2016.
https://www.connaissancedesenergies.org/fiche-pedagogique/reserves-de-petrole-dans-le-monde

Concernant l'état des océans (L'hydrosphère) :
• « En 2050, plus de plastique que de poissons dans les océans », *Challenges*, 19 janvier 2016.
https://www.challenges.fr/entreprise/environnement/en-2050-l-ocean-contiendra-plus-de-plastique-que-de-poisson_44094
• Mickaël Bosredon, « Pêche : en Europe, 90 % des stocks de poissons sont surexploités », *20 Minutes*, 14 septembre 2011 (mis à jour le 12 septembre 2014).
https://www.20minutes.fr/planete/787088-20110914-peche-en-europe-90-stocks-poissons-surexploites
• Julie Kern, « Les océans se réchauffent plus vite en profondeur qu'en surface », *Futura planète*, 1er juin 2019.
https://www.futura-sciences.com/planete/actualites/oceanographie-oceans-rechauffent-13-plus-vite-prevu-48204
Concernant la dégradation des terres (La pédosphère) :
Stephen Leahy, « Plus de 75 % des terres de la planète sont dégradées », *National Geographic*.
https://www.nationalgeographic.fr/environnement/plus-de-75-des-terres-de-la-planete-sont-degradees
Concernant la disparition des espèces (La biosphère) :
• WWF, *Rapport Planète Vivante 2016 : deux tiers des populations de vertébrés pourraient disparaître d'ici 2020* [Communiqué de presse], 26 octobre 2016.
https://www.wwf.fr/rapport-planete-vivante-2016
• Stéphane Foucart, « En trente ans, près de 80 % des insectes auraient disparu en Europe », *Le Monde*, 18 octobre 2017.
https://www.lemonde.fr/biodiversite/article/2017/10/18/en-trente-ans-pres-de-80-des-insectes-auraient-disparu-en-europe_5202939_1652692.html
Concernant les changements climatiques (L'atmosphère) :
• Christophe Magdelaine, « Changement climatique : des données alarmantes », *Notre-Planète.info*, 31 janvier 2020.
https://www.notre-planete.info/terre/climatologie_meteo/changement-climatique-donnees.php
• *Pour en savoir plus :*
http://leclimatchange.fr/les-elements-scientifiques
Concernant la dégradation des terres glacées (La cryosphère) :
• Céline Deluzarche, « La Terre a perdu 28 000 de tonnes de glace en 23 ans », *Futura planète*, 26 août 2020.
https://www.futura-sciences.com/planete/actualites/climatologie-fonte-glaciers-accelere-9000-milliards-tonnes-glace-perdues-depuis-1961-35124
• Mélanie Rostagnat, « Le permafrost, qu'est-ce que c'est ? », *Geo*, 28 octobre 2009 (mis à jour le 22 octobre 2020).
https://www.geo.fr/environnement/permafrost-gaz-methane-rechauffement-climatique-53512
« La fonte du permafrost, une menace climatique et sanitaire », *Science et avenir*, 5 décembre 2018.
https://www.sciencesetavenir.fr/nature-environnement/climat/la-fonte-du-permafrost-une-menace-climatique-et-sanitaire_130005

Page 153 :
Concernant l'emballement du réchauffement climatique :
• Nathaniel Rich, *Perdre la Terre*, Paris, Seuil, 2019, 280 p.

Page 154 :
Concernant les conséquences du réchauffement climatique :
• Marianne Enault, « Climat : quoiqu'il arrive, la Terre va se réchauffer, reste à savoir dans quelle mesure », *Le Journal du Dimanche*, 8 octobre 2018.
https://www.lejdd.fr/International/climat-quoiquil-arrive-la-terre-va-se-rechauffer-reste-a-savoir-dans-quelle-mesure-3773921
• Charlotte Anfray, « New York et Londres sous les eaux dans 50 ans ? », *Paris Match*, 23 mars 2016.
https://www.parismatch.com/Actu/Environnement/New-York-et-Londres-sous-les-eaux-dans-50-ans-935225

Page 156 :
Inspiration visuelle et texte :
Lana et Lilly Wachowski, *Matrix*, 150 minutes, 1999.

Page 168 :
« **OK, boomers*** » est une expression devenue virale en 2019 qui exprime la frustration de la jeunesse actuelle face à la génération des *« baby boomers »*, née après la seconde guerre mondiale, qui a connu les trente glorieuses donc le plein emploi et l'absence de menace sur son avenir, en particulier celle, majeure, liée au dérèglement climatique.
« "Ok boomer", l'expression devenue virale chez les jeunes Américains pour se moquer des baby-boomers », *20 Minutes*, 9 novembre 2019.
https://www.20minutes.fr/high-tech/2647959-20191109-ok-boomer-expression-devenue-virale-chez-jeunes-americains-moquer-baby-boomers
Concernant les citations :
• Christophe Barbier, « L'édito de Christophe Barbier : Greta Thunberg en fait-elle trop ? », *BFM TV*, 24 septembre 2019.
https://www.bfmtv.com/replay-emissions/politique-premiere/l-edito-de-christophe-barbier-greta-thunberg-en-fait-elle-trop-24-09_VN-201909240149.html
• Thierry Noisette, « Le député Guillaume Larrivé veut boycotter Greta Thunberg à l'Assemblée et lance une controverse », *L'Orbs*, 21 juillet 2019.
https://www.nouvelobs.com/politique/20190721.OBS16206/le-depute-guillaume-larrive-veut-boycotte r-greta-thunberg-a-l-assemblee-et-lance-une-controverse.html
• Samuel Gontier, « Haro sur Greta Thunberg, la démoniaque vestale hitléro-maoïste », *Télérama*, 25 septembre 2019.
https://www.telerama.fr/television/haro-sur-greta-thunberg,-la-demoniaque-vestale-hitlero-maoiste,n6438895.php
https://video.lefigaro.fr/figaro/video/greta-thunberg-arnaque-ou-espoir/
• Gilles William Goldnadel, « Goldnadel : "L'intolérance qui caractérisait le débat antiraciste a migré sur le terrain du climat" », *Le Figaro*, 30 septembre 2019.
https://www.lefigaro.fr/vox/politique/goldnadel-l-intolerance-qui-caracterisait-le-debat-antiraciste-a-migre-sur-le-terrain-du-climat-20190930
• Laurent Alexandre, « Greta Thunberg en fait-elle trop ? Laurent Alexandre en débat », *Sud Radio Matin*.
https://www.dailymotion.com/video/x7lpdyq
« Greta Thunberg : arnaque ou espoir ?», *Le Figaro Live*, 30 juillet 2020.
https://video.lefigaro.fr/figaro/video/greta-thunberg-arnaque-ou-espoir/
• « Écologie : Alain Finkielkraut tire à boulets rouges sur Greta Thunberg », *La Dépêche*, 20 septembre 2019.
https://www.ladepeche.fr/2019/09/20/alain-finkielkraut-tire-a-boulets-rouges-sur-greta-thunberg,8427127.php

Page 169 :
Concernant les éléphants :
Hélène Saadi, « Au Zimbabwe, les éléphants meurent de faim et de soif », *Les Éclaireuses*, 23 octobre 2019.
http://www.leseclaireuses.com/actus/au-zimbabwe-les-elephants-meurent-de-faim-et-desoif.html
Concernant les ours polaires :
Laure Cometti, « Pourquoi les ours polaires se sont-ils installés dans un village russe ? », *20 Minutes*, 14 février 2019.
https://www.20minutes.fr/planete/2451115-20190214-pourquoi-ours-polaires-installes-village-russe
Concernant les oiseaux marins :
(Source : https://www.lemonde.fr/planete/article/2011/12/23/les-oiseaux-marins-victimes-indirectes-de-la-surpeche_1622137_3244.html)
Concernant les migrants climatiques :
« Environnement : le dérèglement climatique est la première cause de migration », *Franceinfo*, 9 septembre 2017.
https://www.francetvinfo.fr/monde/europe/migrants/environnement-le-dereglement-climatique-est-la-premiere-cause-de-migration_2364831.html

Page 170 :
Concernant le *Black friday* de 2019 en France :
https://www.capital.fr/economie-politique/black-friday-la-france-bat-un-nouveau-record-1356702

Page 171 :
Concernant la nécessité d'organiser une résistance :
Thibaut Sardier, « Dominique Bourg : "Sans resserrement des inégalités, nous crèverons tous" », *Libération*, 1er juillet 2018.
https://www.liberation.fr/debats/2018/07/01/dominique-bourg-sans-resserrement-des-inegalites-nous-creverons-tous_1663273
Concernant les émissions de CO_2 des Français.
• Florent Colas et S. Barret, « Combien de tonnes de CO_2 émet votre vol en avion ? » *Mr Mondialisation*, 28 septembre 2019.
https://mrmondialisation.org/combien-de-tonnes-de-co2-emet-votre-vol-en-avion/
• « Penser l'avion autrement » [En ligne], Notre Choix.
https://www.notrechoix.org/?fbclid=IwAR3ugj2TuieGYnhXTWy-oU6sxie867X8rKybw0Nt0k5fj1zJCxF6NqcSegXE
• Planetoscope, « Émissions de CO2 par habitant en France » [En ligne], *ConsoGlobe*.
https://www.planetoscope.com/co2/140-emissions-de-co2-par-habitant-en-france.html

Page 173 :
Concernant les critères de calcul du « moral » des consommateurs :
Julien Baldacchino, « C'est quoi, le fameux "moral des ménages" ? », *Franceinter*, 28 juin 2017.
https://www.franceinter.fr/economie/c-est-quoi-le-fameux-moral-des-menages

Pages 176-177 :
Concernant les déclarations des dirigeants français :
• Valéry Giscard D'Estaing en 1974 :
Ina.fr, « Allocution du président Valéry Giscard d'Estaing » [Vidéo en ligne], 26 novembre 1974.
https://www.ina.fr/video/CAF91010210/allocution-du-president-valery-giscard-d-estaing-video.html
• François Mitterrand en 1981 :
Ina.fr, « François Mitterand » [Vidéo en ligne], 7 mai 1981.
https://www.ina.fr/video/CAC01037374/francois-mitterrand-video.html
• Jacques Chirac en 1996 :
« Croissance : Chirac appuie là où ça fait mal », *L'Obs*, 22 février 2000.
https://www.nouvelobs.com/politique/20000222.OBS2279/croissance-chirac-appuie-la-ou-ca-fait-mal.html
• Nicolas Sarkozy en 2007 :
« Discours de Nicolas Sarkozy à l'université du Medef », *L'Internaute*, 30 août 2007.
http://www.linternaute.com/actualite/politique/document/discours-nicolas-sarkozy-medef/discours-sarkozy-universite-d-ete-medef.shtml
• François Hollande en 2010 :
Ina.fr, « François Hollande » [Vidéo en ligne], 27 août 2010.
https://www.ina.fr/video/4267547001/francois-hollande-video.html
• Emmanuel Macron en 2019 :
« Relance de l'économie : pourquoi l'appel d'Emmanuel Macron à "œuvrer pour plus de croissance" est un vœu pieux », *LCI*, 26 août 2019.
https://www.lci.fr/politique/relance-de-l-economie-pourquoi-l-appel-d-emmanuel-macron-a-oeuvrer-pour-plus-de-croissance-est-un-voeu-pieux-2130398.html
• Jean Castex en 2020 :
Anthony Berthelier, « Le plan de Castex pour "la croissance écologique, pas la décroissance verte", *Huffington Post*, 15 juillet 2020.
https://www.huffingtonpost.fr/entry/le-plan-de-castex-pour-la-croissance-ecologique-pas-la-decroissance-verte_fr_5f0f0888c5b63b8fc1115ab9
« Qui peut être contre la croissance ? » Le Point en 2012 :
Marc Vignaud, « Le défi de Hollande pour relancer la croissance européenne », *Le Point*, 25 avril 2012.
https://www.lepoint.fr/economie/le-defi-de-hollande-relancer-la-croissance-europeenne-25-04-2012-1455151_28.php

Page 178 :
Concernant la consommation des psychotropes en France, en 2012 :
Rapport Zarifian, « État des lieux de la consommation de psychotropes en France » [En ligne], My Psychologie, 4 février 2020.
https://my-psychologie.com/2020/02/04/etat-des-lieux-de-la-consommation-des-psychotropes-en-france
Concernant le portrait de Paul B. Preciado :
Géraldine Sarratia, Dans le genre de [Podcast], Radio Nova, 52 minutes, mai 2020.
Concernant le « greenwashing » des constructeurs automobiles :
• Célia Izoard, « Non, la voiure électrique n'est pas écologique », Reporterre, 1er septembre 2020.
https://reporterre.net/Non-la-voiture-electrique-n-est-pas-ecologique
• Arte Découverte, *L'illusion de l'énergie verte* [vidéo en ligne], 88 minutes, 26 novembre 2020
https://www.youtube.com/watch?v=rpUmfZb4XBI

Page 183 :
Concernant le portrait de Neil Gaiman :
Neil Gaiman, *Pourquoi notre futur dépend des bibliothèques, de la lecture et de l'imagination*, Paris, Au diable vauvert, 2014.
Concernant les propos de Dominique Bourg :
« Dominique Bourg : Parler du "modèle amish" est une grossièreté absolue », *France Culture*, 19 septembre 2019.
https://www.franceculture.fr/emissions/linvitee-actu/dominique-bourg

Pages 184-185 :
Concernant les propos de Théodore Monod :
Théodore Monod, *Terre et ciel*, Arles, Actes sud, 1997, 317 p.

Textes et illustrations : Muriel Douru

Direction : Guillaume Pô
Direction éditoriale : Élisabeth Pegeon
Édition : Chloé Herbin
Relecture et correction : Anne Guirado et Audrey St-Amour Coulombe
Direction artistique : Julie Mathieu
Mise en pages : Maryse Claisse
Direction de fabrication : Thierry Dubus
Suivi de fabrication : Sabine Marioni
Photogravure : SNO

Achevé d'imprimer en février 2021 en France
chez Sepec imprimerie (Z.A des Bruyères - 01960 Péronnas).
Numéro d'impression : 10435210210

IMPRIM'VERT
Votre imprimeur agit pour l'environnement

IMPRIMÉ EN FRANCE

Certifié PEFC
Ce produit est issu de forêts gérées durablement et de sources contrôlées.
PEFC 10-31-1470
pefc-france.org

Cet ouvrage est imprimé sur un papier certifié PEFC™ garantissant la démarche de développement durable de l'éditeur. Les éditions Rustica utilisent des papiers composés de fibres naturelles, renouvelables, recyclables et fabriquées à partir de bois issus de forêts qui adoptent un système d'aménagement durable. En outre, les Éditions Rustica attendent de leurs fournisseurs de papier qu'ils s'inscrivent dans une démarche de certification environnementale reconnue.